Kanarienvögel
glücklich & gesund

> Autor: **Lutz Bartuschek** | Fotos: **Oliver Giel**

Inhalt

Wohlfühl-Heim

Die richtige Wahl

Was Tierfreunde schon lange wissen, hat auch die Wissenschaft inzwischen bestätigt: Mit Tieren lebt es sich glücklicher. Sie geben uns Gesellschaft und bauen Stress ab. Gleichzeitig fordern sie

> *Mit ihrer Fröhlichkeit und ihrem Gesang sorgen Kanarien für gute Laune.*

Zuwendung und Pflege. Tiere sind einfach gut für die Seele. Trotzdem muss die Entscheidung für einen tierischen Mitbewohner gut überlegt sein.

Warum Kanarienvögel?

Quietschgelb oder grellorange, so haben Sie die kleinen Tenöre sicherlich noch aus Omas guter Stube in Erinnerung, wo sie meistens Hansi hießen und eifrig ihre Liedchen trällerten. Doch nicht nur für ältere Menschen sind sie ideale Hausgenossen.

➤ Die flinken Kanarienvögel bringen mit ihren virtuosen Arien, ihrem hübschen Aussehen und ihrer Agilität ein Stück Natur ins Haus.

➤ Sie sind robust, anspruchslos und einfach in der Haltung. Dadurch eignen sie sich prima für Anfänger.

➤ Kinder begeistern sich für die lebenslustigen Vögel (→ Seite 35), die aufgeplustert wie ein Tennisball aussehen und viele interessante Verhaltensweisen zeigen.

➤ Auch Berufstätige können guten Gewissens zwei Kanarien halten (→ Seite 9).

➤ Die kleinen Tenöre werden oft zahm und anhänglich, verlieren ihre natürliche Fluchtbereitschaft aber nie ganz. Streicheltiere sind Kanarienvögel also nicht!

➤ Es gibt viele hübsche Farbschläge und Rassen.

➤ Kanarien vertragen sich mit den meisten anderen Haustieren, ausgenommen Beutegreifer, wie Katzen, Ratten, Hamster und Frettchen (→ Seite 25).

TIPP

Was Kanarienvögel brauchen

➤ Viel Platz: Kanarien brauchen einen großen Käfig, in dem sie auch fliegen können (→ Seite 14).

➤ Freiflug: eine Stunde täglich, dann bleiben sie fit.

➤ Sauberkeit: Das tägliche Bad und ein sauberer Käfig sind für die Kanarienvögel Grundbedürfnisse.

➤ Sonne, Luft, Licht: Ein heller Platz mit Morgensonne und ohne Zugluft ist der beste Ort für den Käfig.

➤ Pünktlichkeit: Kanarien lieben feste Fütterungszeiten und einen geregelten Tagesablauf.

> *Entdeckungstour im Wohnzimmer: Das interessante Verhalten der Kanarienvögel bietet viele Beobachtungsmöglichkeiten.*

Vom Wildtier zum Heimtier

Das grün-braune Gefieder der auf den Kanarischen Inseln beheimateten Kanarengirlitze erinnert nicht an das poppige Aussehen ihrer Nachkommen. Es war ihr Gesang, der die spanischen Eroberer gegen Ende des 15. Jahrhunderts veranlasste, die kleinen Tenöre mit in ihr Heimatland zu nehmen. Als spanischen Mönchen die Zucht gelang, wurden Kanarien bald in ganz Europa beliebt. Vor allem Tiroler Bergleute schätzten sie als zuverlässige Weggefährten unter Tage. Stießen sie auf Ansammlungen giftiger Gase, zeigten die Vögel durch ihre Unruhe an, dass es höchste Zeit war, den Stollen zu verlassen – dadurch retteten sie viele Leben. Wandernde Bergmänner nahmen ihre Vögel mit in den Harz – die weltberühmte Rasse der Harzer Roller entstand. Heute ist der Kanari einer der beliebtesten Stubenvögel Deutschlands. Tausende von Hobbyzüchtern schaffen immer wieder neue Rassen. Schwerpunkte der Zucht sind die Gesangs-, die Farb- und die Positurkanarien.

CHECKLISTE

Bin ich der Richtige für Kanarienvögel?

Verantwortung
✔ Kanarien können 10–15 Jahre alt werden.

Urlaubsvertretung
✔ Sichern Sie die Versorgung der Kanarien auch im Urlaub (→ Checkliste Seite 55).

Fürsorge
✔ Nur bei täglicher Pflege bleiben Ihre Kanarien gesund.

Vogelspuren
✔ Kanarien verlieren beim Freiflug Kotbällchen, am Käfig sammeln sich Samenhülsen und Federn an.

Abwechslung
✔ Interessante Beschäftigungsmöglichkeiten halten Ihre Kanarienvögel fit und munter (→ Seite 52).

Welche Kanarien passen zu mir?

Die Auswahl bei den Kanarien ist riesengroß. Es gibt rund 30 Rassen, und diese in zahlreichen Farbschlägen! Die meisten sind allerdings nur für spezialisierte Züchter interessant. Wollen Sie einfach einen lieben Hausgenossen haben, kommt es

> Bei der Gefiederpflege beweisen Kanarienvögel Körperbeherrschung.

mehr auf seinen Gesang und sein Aussehen an. Alle Kanarienrassen haben ein flinkes, fröhliches Verhalten und sind leicht zu pflegen.

Tenor oder Modell?

Farb- und Positurkanarien bestechen mehr durch ihr Aussehen als durch ihren oft lauten Gesang. Ich kenne viele Fälle, in denen ein farbenprächtiger Hahn nach einigen Wochen sein neues Zuhause wieder verlassen musste, weil sein Crescendo in einer kleinen Wohnung zur Last wurde. Der klassische Gesangskanarienvogel – der Harzer Roller – ist für mich immer noch der schönste. Dazu gehören viele der gelben Tiere und ihr Gesang ist leise, wohlklingend und melodisch. Er wird auch in einer kleinen Wohnung nie lästig oder unangenehm.

Männchen oder Weibchen?

Nur die Männchen singen das typische Kanarienlied. Es besteht aus klingelnden, rollenden und pfeifenden Elementen und wird oft stundenlang zum Besten gegeben. Der Kanarienmann grenzt mit dem Gesang sein Revier ab und versucht, ein Weibchen anzulocken. Die natürlichste Art der Haltung ist die eines Pärchens, allerdings müssen Sie dann mit Nachwuchs im Vogelheim rechnen (→ Seite 32). Männchen und Weibchen vertragen sich sehr gut, wenn sie behutsam aneinander gewöhnt werden (→ Tipp unten).

TIPP

Kanarienvögel aneinander gewöhnen

➤ Frühlingsgefühle: Stellen Sie im Frühling das Paar zuerst in getrennten Käfigen dicht nebeneinander, bis das Männchen das Weibchen durch das Gitter füttert.

➤ Futterneid: Bieten Sie jedem Tier einen eigenen Futternapf an, der das gleiche Futter enthält.

➤ Frauensache: Die Gewöhnung zweier Weibchen ist am besten außerhalb der Brutsaison im Winter möglich.

➤ Tageszeit: Setzen Sie die Kanarien am späten Nachmittag zusammen, beobachten Sie sie aber.

Solo oder Duett?

Einzeln gehaltene Kanarienmännchen singen sehr fleißig.
Schöner für Vögel und
Mensch ist in jedem Fall die
Paarhaltung. Kanarien kommen im Frühjahr jedoch in
Brutstimmung. Werden sie in
einem warmen und auch
abends beleuchteten Zimmer
gehalten, will die Henne auch
im Winter brüten. Aus diesem
Grund sollten Sie Männchen
und Weibchen im Winter
trennen und das Weibchen in
einem eher kühlen Raum mit
Tageslicht unterbringen,
damit es zur Ruhe kommt.
Das ständige Eierlegen
schwächt die Weibchen sonst
sehr (→ Seite 33).
Mehrere Männchen vertra-
gen sich nur bei winterlicher
Tageslänge gut. Im Frühling
ist ihre gemeinsame Haltung
ein schlimmer Dauerstress
für die Vögel. Jeder will unbedingt ein eigenes Revier
verteidigen und nicht selten
kommt es bei gemeinsamer
Haltung mehrerer brutlus-
tiger Kanarienhähnchen zu
schweren Verletzungen und
Todesfällen. Also: Ganzjäh-
rige Paarhaltung nur in Räu-
men mit natürlicher Tageslänge, in allen übrigen Fällen
das Paar im Winter trennen!

Trendige Beatle-Frisur: Der Federwirbel auf dem Kopf ist das
Markenzeichen der beliebten Haubenkanarien.

Das richtige Alter

Junge Kanarien gewöhnen
sich schneller an eine neue
Umgebung als ältere Tiere
und werden leichter vertraut
und zahm. Jungvögel werden
vom Züchter erst nach der
ersten Mauser mit etwa fünf
Monaten verkauft. Die beste
Zeit für die Anschaffung sind
November und Dezember.
Viele Züchter geben auch
gern vier oder fünf Jahre alte
Hennen ab, die zwar noch
topfit sind, aber nur noch
gelegentlich Eier legen.

Kanarienvögel
im Porträt

Die Vorfahren unserer Kanarienvögel sind unscheinbar grün. Erst der Mensch züchtete die kleinen Finkenvögel in zahlreichen Farbvarianten und verschiedenen Rassen.

> **Harzer Roller (links) und roter Farbkanarienvogel:** Harzer Roller ist die klassische Bezeichnung der ältesten Gesangskanarienrasse, die es in Gelb, Weiß, Grün und Scheckungen gibt. Gezüchtet wird nach dem Gesang und nicht nach dem Aussehen.

> **Gelber, gescheckter Gloster:** Typisch für die beliebten Gloster, die es in vielen Farbschlägen gibt, sind der rundliche Körperbau und die auffällige Haube.

Farbkanarienvögel in Gelb und Orange (hinten): Gelben, orangefarbenen und roten Kanarien fehlt der Dunkelfarbstoff Melanin im Gefieder.

Gold Lizard mit gescheckter Kappe: Auch ohne besondere Körperhaltung oder verlängertes Gefieder gehören Lizards zu den Positurkanarien.

Silber Lizard: Markenzeichen der Lizards ist die geschuppte Zeichnung, die durch helle Federsäume im Kontrast zur dunklen Federmitte entsteht.

Farbkanarienvogel Gold-Isabell: Durch eine Verdünnung des Dunkelfarbstoffs Melanin wird die typische Zeichnung des Rückengefieders erzeugt.

Grau-weiß gescheckter Farbkanarienvogel: Die Scheckung des Gefieders soll möglichst gleichmäßig sein. Schecken gibt es in vielen Farben.

Augen auf beim Kauf

Mit dem Kauf eines Kanaris beschließen Sie, für die nächsten 10 bis 15 Jahre die Verantwortung für ein glückliches Vogelleben zu übernehmen. Logisch, dass die Wahl des Vogels auch Zeit braucht. Hübsch sind die kleinen Federbälle alle – doch neh-

> Bunte Palette: Kanarien gibt es in vielen schönen Farben und Zeichnungen.

men Sie sich Zeit, um den oder die Hausgenossen auszuwählen, die die besten Voraussetzungen für die gemeinsamen Jahre mitbringen.

Die Auswahl

Die beste Zeit für die Auswahl der Vögel ist der Morgen, dann sind die Tiere am aktivsten. Legen Sie Wert darauf, dass Ihnen der Gesang des Hahnes angenehm ist.

➤ Besuchen Sie mehrere Zoofachhandlungen, um vergleichen zu können.

➤ Spezielle Rassen bekommen Sie beim Züchter. Adressen erfahren Sie aus der Tageszeitung und von den Verbänden (→ Seite 60).

➤ Auch Tierheime geben häufig Kanarienvögel ab.

➤ Vorsicht beim Kauf auf großen Vogelmärkten, dort können sich Krankheiten sehr schnell übertragen.

Was bedeutet der Ring?

Kanarien ohne Ring können genauso herrlich singende Gesellen sein wie solche mit Ring. Der Ring ist nicht vorgeschrieben, sondern das Zeichen für die Zugehörigkeit des Züchters zu einem Vogelzüchterverband. Er ist der Personalausweis des Kanarienvogels und kann helfen, ihn wiederzufinden, wenn er entflogen ist (→ Seite 60). Pickt der Kanari dauernd an seinem Ring herum, sollten Sie ihn vom Tierarzt entfernen lassen. Ein zu enger Fußring behindert die Durchblutung und kann die Amputation des ganzen Fußes notwendig machen.

TIPP

Sicher kaufen

➤ Beratung: Fragen Sie den Händler aus. Er sollte geduldig und kompetent auf alle Ihre Fragen eingehen.

➤ Herkunft: Die Vögel im Zoofachgeschäft sollten von Züchtern aus der Nähe stammen, zu lange Transportwege sind eine große Belastung für die Tiere.

➤ Alter: Jungtiere werden nach der ersten Mauser abgegeben und sind im ersten Winter 5 bis 8 Monate alt.

➤ Hauskonzert: Hören Sie den Männchen ausgiebig beim Singen zu, und stellen Sie sich deren Arien in Ihrer Wohnung vor. Ist die Geräuschkulisse angenehm?

> *Kanarienmännchen verteidigen ihr Revier im Frühjahr eisern gegen jeden Kontrahenten, der es wagt, sich zu nähern.*

Darauf müssen Sie achten!

Gesamteindruck: Füße und Schnabel sollen frei von Verkrustungen oder starken Schuppen sein. Ist eine der langen Flügel- oder Schwanzfedern abgebrochen, so ist dies kein Grund zur Beunruhigung. Sie wächst beim nächsten Federwechsel wieder nach. Das Gefieder muss aber trotzdem gepflegt aussehen.

Unterbringung: Futter und Trinkwasser müssen immer zur Verfügung stehen. Der Käfig, die Ausstattung, die Sitzstangen und der Bodenbelag müssen sauber sein.

Verhalten: Ein gesunder Kanari fliegt oder hüpft flink im Käfig herum. Männchen singen in den Vormittagsstunden fleißig. Die Vögel beobachten aufmerksam ihre Umgebung und ziehen sich bei allem Neuen auf die oberen Sitzäste im Käfig zurück. Tiere, die kaum auf Ihre Annäherung an den Käfig reagieren, könnten krank sein.

Bewegungen: Die Vögel dürfen weder hinken noch Probleme beim Hüpfen oder Fliegen haben. Die Bewegungen müssen mühelos sein und die Vögel sicher auf einer Stange landen können.

Gesundheits-Check auf einen Blick

Gefieder

✔ Das Gefieder liegt glatt an, hat keine Kahlstellen und ist um die Kloake sauber.

Füße und Beine

✔ Ohne Schuppen, die Krallen sind kurz und sauber. Ein eventuell vorhandener Fußring läuft leicht auf und ab.

Gesicht

✔ Augen sind sauber und leuchtend, der Schnabel schließt gut. Die Nasenlöcher sind sauber und ganz klein. Niesende Vögel sind krank.

Körper

✔ Schlank und stromlinienförmig. Zu fette Vögel sind oft alt oder krank.

Die Wohlfühl-Ausstattung

Kanarienvögel haben Spaß an der Bewegung. Sie sind ständig in Aktion und erkunden neugierig ihre Umgebung. Geben Sie Ihren Vögeln ein interessantes Zuhause, in dem sie ihre natürlichen Aktivitäten entfalten können. So bleiben Ihre Kanarien viele Jahre munter und gesund.

> Vorsicht Falle: Ohne Badehaus suchen Kanarien selbst nach einem Pool.

Je größer, desto besser

Die Vogelbehausung kann nicht groß genug sein, schließlich verbringt der Kanari sein ganzes Leben darin. Ihre gefiederten Hausgenossen wollen und sollen ihre Flügel gebrauchen.

➤ Mindestgröße für einen Kanarienvogel: 80 cm Länge, 40 cm Breite, 50 cm Höhe. Der Abstand der Gitterstäbe darf nicht größer sein als 12 mm. In diesem Käfig kann auch ein Paar glücklich sein und sogar brüten. Gönnen Sie Ihren Vögeln trotzdem den täglichen Freiflug im Zimmer (→ Seite 54). In kleinen Käfigen neigen Kanarien zur Ausbildung stereotyper Bewegungsabläufe, springen in immer gleichem Rhythmus eingefahrene Strecken.

➤ Kaufen Sie keine runden Käfige. Den Vögeln fehlt darin jegliche Orientierung.

➤ Die Gitterstäbe sollen aus dunklem, nicht reflektierendem Metall bestehen.

➤ Der beste Standort für den Vogelkäfig ist ein Platz nah

Das ist gefährlich!

Verletzungen
✔ Fenster mit Vorhängen sichern, spitze und scharfe Gegenstände entfernen.

Ertrinken
✔ Aquarien sichern, Toilettendeckel schließen, offene Wassergefäße, kochende Töpfe und Putzeimer vermeiden oder gut absichern, solange der Vogel frei fliegt.

Einklemmen
✔ Spalten hinter Möbeln und Regalen abdecken, Schubladen schließen.

Verbrennungen
✔ Offene Flammen (Kerzen, Kamin, Gasherd) beim Freiflug vermeiden, heiße Ofenrohre und Bügeleisen können zu Verbrennungen an den Füßen führen.

Vergiftungen
✔ Aschenbecher (Nikotinvergiftung) und giftige Zimmerpflanzen außer Reichweite der Vögel aufstellen, Medikamente, Farben, Lacke und Putzmittel entfernen.

Entfliegen
✔ Kippfenster mit dünnem Drahtgeflecht oder speziellem Volierennetz bespannen.

Hitzschlag
✔ Käfig nicht in praller Mittagshitze aufstellen, Schattenplätze anbieten (Wanderweg der Sonne bedenken).

1 Wasservögel

Ob zum Plantschen oder Trinken – Kanarien haben einen enormen Wasserbedarf. Je nach Umgebungstemperatur lassen die quirligen Vögel sich etwa 10 bis 75 ml Wasser täglich schmecken. In einem Kunststoffspender wird das kühle Nass kaum durch Kot oder Futter verschmutzt und bleibt lange sauber.

2 Bodybuilding

Sitzstangen aus frischen Naturästen sind vielseitige Trainingsgeräte. In unterschiedlicher Dicke verlangen sie den Krallen immer neue Griffe ab und halten sie damit beweglich, durch das Wippen werden die Muskeln gefordert. Toller Nebeneffekt: Nach dem Training können die leckeren Blätter genussvoll verspeist werden.

am Fenster, wenn möglich mit Morgensonne, bieten Sie aber Schattenplätze an.

➤ In einer Voliere fühlen sich die kleinen Sänger pudelwohl und zeigen Ihnen ihr ganzes Verhaltensrepertoire. Fahrbare Modelle lassen sich vom Zimmer aus leicht auf die Terrasse oder den Balkon schieben, je nach Witterung. Wird ein solcher Käfig sicher vor Zugluft, Regen und Katzen aufgestellt, können die Kanarien hier sogar Frühling, Sommer und Herbst, Luft, Licht und Sonnenbestrahlung genießen.

Das richtige Zubehör

Eine sparsame Einrichtung der Kanarienwohnung bietet Ihren Energiebündeln viel Bewegungsfreiraum.

➤ In den Vogelkäfig gehören mindestens zwei Futternäpfe: Einer für Körnerfutter und der andere für Frischfutter. Verwenden Sie flache Schalen, die in einem gut beleuchteten Teil des Käfigs stehen. So können die Vögel schon frühmorgens mit der Nahrungsaufnahme beginnen.

➤ Wasser sollten die Kanarien aus einem Spender angeboten bekommen. Diese Plastikröhrchen mit Napf am unteren Ende lassen sich leicht am Gitter befestigen und gewährleisten, dass immer frisches Wasser zur Verfügung steht. Noch sauberer sind Nagertränken. Die schlauen Sänger in meinen Volieren haben sehr schnell gelernt, das Wasser am Kugelventil zu entnehmen.

➤ Der Boden des Kanarienkäfigs wird mit Vogelsand abgedeckt, verwenden Sie kein Sandpapier. Kanarien freuen sich auch über eine Ecke mit frischer und unbehandelter Walderde.

Spielzeug

Nachts schlafen die Kanarien gern als kugelrunder Feder- ball auf einer Schaukel oder einem Holzreifen. Wenn mehrere Kanarien in einem Käfig leben, sollte jeder seinen eigenen Ruheplatz bekommen. Anderes Spiel- zeug wird von den Kanarien zwar ausgiebig untersucht, aber nicht aktiv zum Spielen benutzt (→ Seite 52).

> Aussichtswarte: Von oben haben die neugierigen Kanarien alles im Blick.

Öko-Sitzplätze

Die Sitzstangen sollten aus Naturästen mit Rinde be- stehen, denn auf ihnen hält sich der Kanari die meiste

Zeit auf. Noch wichtiger: Er putzt sich den Schnabel und das ganze Gesicht an den Sitzästen. Verschmutzte Sitz- stangen sind der Hauptgrund für Augenentzündungen der Vögel. Tauschen Sie diese so oft wie möglich gegen frische aus. Geeignet sind Hasel, Erle, Weide, Buche, Ahorn, Pappel, Birke und vor allem unge- spritzte Apfelzweige. Frische Sitzäste und dünne Zweige sind ein tolles Muskeltraining für die Vögel. Die Zehen der Kanarien müssen immer neue Griffe anbringen und bleiben beweglich. Die Tiere beschäftigen sich auch stun- denlang damit, die Rinde zu untersuchen und an den Knospen zu knabbern. Das bringt Abwechslung und es gibt immer wieder was Neues zu entdecken. Meine Kana-

rien erhalten im Flugkäfig täglich einen frischen Zweig, den ich vom Spaziergang mit dem Hund mitbringe. Mit einer Rosenschere lassen sich die Äste leicht auf die ideale Länge zurechtschneiden.

Swimmingpool

Kanarienvögel baden leiden- schaftlich gern. Hängen Sie deshalb Ihren Vögeln das Badehäuschen täglich vor die Käfigtür, am besten in den Morgenstunden. Wollen Sie Ihren Saubermännern den ganzen Tag die Möglichkeit zum Baden geben, sollte das Wasser mehrmals gewechselt werden. Denn die Tiere setzen auch Kot darin ab und würden sonst das verun- reinigte Wasser trinken. Der Boden des Kanarien-Pools sollte nicht durchsichtig sein,

TIPP

So klappt der Freiflug besser

➤ Befestigen Sie einen dicken Ast als Landeplatz am Käfig, damit der Vogel sich daran orientieren kann.

➤ Der erste Freiflug sollte nachmittags stattfinden. Geduld, denn Kanarien sind vorsichtige Vögel.

➤ Entfernen Sie den Futternapf eine Stunde vor dem Freiflug, dann sucht Ihr Meistersänger von allein den Käfig wieder auf, wenn er Hunger hat.

➤ Ziehen Sie die Käfigtür mit einer daran befestigten Schnur zu, wenn der Kanari zurückgekehrt ist. Damit verhindern Sie, dass er wieder hinausfliegt.

Wilde Wasserspiele gehören zu den Lieblingsbeschäftigungen der Kanarien, doch sauber muss die Erfrischung sein! Deswegen das Bad morgens und abends nur für ein bis zwei Stunden anbieten.

denn das verunsichert viele Vögel. Einige meiner Kanarien baden nur, wenn keiner hinsieht. Wer lässt sich auch schon gern beim Duschen zusehen? Nach dem Baden sollte der Vogelsand gewechselt werden, damit sich keine schädlichen Bakterien vermehren können. Als Alternative können Sie den Käfig während des Badens ohne Bodenschale auf eine saugfähige Unterlage stellen oder morgens beim Freiflug eine Badegelegenheit im Zimmer anbieten.

Ein Vogelbaum

Im großen Flugkäfig oder im Zimmer können Sie Ihren Kanarienvögeln eine besondere Freude machen, wenn Sie ihnen einen Kletterbaum bauen. Dazu werden in einem sandgefüllten großen Blumentopf mehrere lange Äste sicher verankert. Mit Bastfäden werden noch Querverbindungen festgebunden – fertig ist der Vogelbaum. Er ist die ideale Ergänzung zum Käfig; der Kot der Vögel fällt in den Blumentopf und kann dort leicht entfernt werden.

Tägliche Flugstunde

Der schönste und größte Käfig ersetzt nicht den täglichen Freiflug in der Wohnung. Er ist für diese aktiven Vögel unerlässlich und hält sie gesund. Meine Kanarien erwarten ihre Freiheit oft ungeduldig. Nur mit Mühe und grüner Gurke kann ich sie dazu überreden, im Käfig wieder ihr Nachtquartier zu beziehen (→ Seite 54). Freiflug bekommt ihrer Gesundheit ausgezeichnet, wenn Sie vorher die Gefahren beseitigen (→ Seite 54).

Fragen rund um Auswahl und Ausstattung

❓ Wir wünschen uns einen gut singenden Kanarienvogel. Wie unterscheidet man Männchen und Weibchen in der Tierhandlung voneinander?
In den meisten Fällen werden männliche und weibliche Kanarienvögel in der Zoofachhandlung in getrennten Käfigen untergebracht. Oft wollen in den Verkaufsanlagen nicht alle Männchen singen, denn starke Vögel beherrschen hier die schwächeren. Sehen Sie sich das Kopfgefieder der Vögel an: Die Kanarienmännchen tragen auf der Stirn im Vergleich zum übrigen Gefieder intensiver gefärbte Federn. Bei gelben Vögeln ist das Gelb hier besonders stark. Weibchen sind insgesamt matter gefärbt als die Hähne.

❓ Meine 70-jährige Tante wünscht sich einen Kanarienvogel zum Geburtstag. Kann sie in ihrem Alter das Tier noch versorgen?
Kanarienvögel sind leicht zu pflegen und für ältere Menschen ideale Heimtiere, da sie Gesellschaft geben, Zuwendung brauchen und keine so hohen körperlichen Anforderungen stellen wie z. B. ein Hund. Machen Sie ihr die Freude, doch schenken Sie lieber einen Gutschein für das Tier und die Ausstattung sowie ein Buch. So kann sich Ihre Tante vorher informieren und sich ihren neuen Hausgenossen selbst aussuchen.

❓ Wir können uns nur schwer zwischen den vielen Kanarienrassen für einen Vogel entscheiden. Was ist der Unterschied zwischen roten und gelben Kanarienvögeln?
Der gelbe Kanari ist der bekannteste von allen, viele sind echte Harzer Roller und singen leise und melodisch. Rote Kanarien entstanden erst vor etwa 100 Jahren aus Kreuzungen zwischen dem südamerikanischen Kapuzenzeisig und Kanarienweibchen. Sie sind genauso robust und vital wie ihre gelben Brüder und Schwestern, singen aber

Kritische Prüfung: Ist das essbar? Kanarien suchen ständig nach Leckerbissen.

immer fröhlich laut. In kleinen Wohnungen kann das schnell lästig werden, weil der Gesang oft stundenlang zum Besten gegeben wird.

? Wo ist im Wohnzimmer der richtige Platz für den Kanarienkäfig?
Kanarienvögel wollen es hell haben. Ich habe die besten Erfahrungen mit einem zugfreien Platz an der Wand direkt neben einem Fenster gemacht. Schön ist es, wenn der Käfig etwas Morgensonne bekommt und etwa in Brusthöhe aufgestellt werden kann. Das lieben alle Vögel. Die dem Fenster gegenüberliegende Wand ist auf Dauer meistens zu dunkel, der Kanari wird hier nicht so munter sein wie an einem hellen Fensterplatz.

? In unserem neuen Wintergarten wäre Platz für eine kleine, fahrbare Voliere. Allerdings heizen wir den Wintergarten im Winter nicht. Schadet das den Kanarienvögeln?
Ganz und gar nicht. Ein ungeheizter Wintergarten ist der ideale Platz für die kleinen Sänger. Hier kann ein Männchen mit seinem Weibchen viele Jahre sehr glücklich sein. Kanarien vertragen gut tiefe Temperaturen. Sogar bis unterhalb der Frostgrenze. Sie müssen dann natürlich kräftiger gefüttert werden als bei warmer Haltung im Winter (→ Seite 39). Im Sommer sollten Sie unbedingt darauf achten, dass in der Voliere immer kühle Schattenplätze vorhanden sind.

? Unsere Kinder wünschen sich ein Haustier. Leider reagiert unsere Tochter Melissa allergisch auf Katzenhaare. Könnten die Vogelfedern auch eine Gefahr für sie bedeuten?
Ohne einen ärztlichen Allergie-Test kann man nicht sagen, ob Ihre Tochter auf Vogelfedern oder Gefiederstaub allergisch reagiert. Vor der Anschaffung eines Kanarienvogels sollten Sie mit Melissa zum Hautarzt gehen, der den Test durchführen kann. Von einer Unterbringung des Vogels im Kinderzimmer würde ich in Ihrem Fall abraten. Gut wäre auch, wenn Sie in den Schulferien einmal den Vogel von Freunden pflegen könnten. Nach ein paar Wochen müsste sich herausstellen, ob eine Allergie vorliegt.

MEINE TIPPS FÜR SIE

Lutz Bartuschek

Wohnungseinrichtung

➤ Geben Sie dem Kanari im Käfig viel Platz zum Fliegen. Die oberen Stangen sollten so weit voneinander entfernt sein, dass der Vogel die Strecke nicht hüpfend, sondern fliegend überwinden kann und muss.

➤ Im Zoofachhandel werden praktische Zweighalter aus Kunststoff angeboten. Damit geht das Wechseln der Sitzäste ganz einfach in wenigen Sekunden.

➤ Zusätzlich zu dünnen Zweigen sollten Sie auch etwa zwei Zentimeter dicke Äste im Käfig anbringen.

➤ Legen Sie einen rauen, etwa faustgroßen Stein auf den Käfigboden. Die Kanarien setzen sich gern darauf und beobachten mit langem Hals neugierig die Umgebung. Die Krallen wetzen sich dadurch ganz natürlich von selbst ab.

➤ Vermeiden Sie dunkle Futternäpfe mit Deckel, der Kanarienvogel mag sein Futter lieber in heller Umgebung fressen.

19

Kennenlern-Programm

Sanfte Eingewöhnung

Sein neues Zuhause ist für Ihren Kanari fremd und er hat zunächst Angst. Kein Wunder nach dem für den Vogel nervenaufreibenden Transport und den vielen aufregenden Eindrücken. Doch schon bald siegt seine Neugier. Mit schrägem Kopf und vielen aufgeregten »Piep«-Rufen wird er nun seinen neuen Lebensraum erkunden und sich bei Ihnen schnell wohl fühlen.

Sicher nach Hause

Bestimmt wundern Sie sich, warum Vögel in engen kleinen Pappschachteln transportiert werden. Doch der Karton ist die sicherste Methode, den Kanari gesund nach Hause zu bringen. Die Schlitze sorgen für ausreichend Luft und die Enge der Schachtel verhindert Verletzungen durch aufgeregtes Herumflattern des Vogels. Im Transportkarton sieht er die vielen, erschreckend fremden Dinge um ihn herum nicht und bleibt relativ ruhig. Bringen Sie Ihre Kanarien trotzdem so schnell wie möglich nach Hause. Im Winter stecken Sie die Pappschachtel am besten unter Ihre Jacke, die Luftschlitze nach oben. So vermeiden Sie Kälteschocks, die eine Erkältung zur Folge haben können. Dauert die Fahrt etwas länger, kann man die Transportschachtel auch in eine Einkaufstasche aus Stoff auf eine lauwarme Wärmflasche stellen. Stecken Sie die Schachtel niemals in eine Plastiktüte, die Vögel könnten darin ersticken.

Spannende erste Tage

Zuhause angekommen, lassen Sie den Kanarienvogel sofort in seine schon fix und fertig vorbereitete Behausung. Manchmal dauert es eine Weile, bis er aus dem Karton hüpft. Lassen Sie Ihren neuen Freund jetzt in aller Ruhe sein neues Zuhause erkunden, und halten Sie Abstand zum Käfig. Genügend Futter und

Bei diesem nicht intensiv gefärbten Farbkanari sind die aufgehellten Federsäume sehr gut zu erkennen.

Wasser in den Näpfen verhindern, dass Sie am ersten Tag am Käfig hantieren müssen. Die kleine Vogelseele muss nach dem Stress des Transportes erst einmal zur Ruhe kommen. Kanarien sind instinktgelenkte Tiere. Wenn Sie vor den Augen des Vogels zwei Schritt zurücktreten, signalisieren Sie damit: »Ich bin ungefährlich.« Flattert er immer noch wild von einer Gitterseite zur anderen, gehen Sie weitere zwei Schritte zurück. Dann entspannt sich Ihr Vogel schnell und die Angst vergeht. Viele Kanarien sind schon bald nach der Ankunft recht keck, finden rasch Futter und Wasser und begutachten die neue Umgebung.

Erfolgsrezept für eine lange Freundschaft

Dass Ihr neuer Hausgenosse eine eigene Persönlichkeit hat, werden Sie bald feststellen. Da die kleinen Sänger Fluchttiere sind, erschrecken sie naturgemäß leicht vor schnellen Bewegungen, lauten Geräuschen und unbekannten Gegenständen.
➤ Vermeiden Sie hastige Bewegungen und laute Geräusche in der Nähe der Vogelbehausung, der Kanari

Vorstellung

Geben Sie Ihrem neuen Hausgenossen Zeit, sich an Sie zu gewöhnen. Sprechen Sie viel und mit sanfter Stimme zu ihm, dann wird er sich in Ihrer Nähe bald wohl und sicher fühlen.

Leckere Verführung

Die vornehme Zurückhaltung wird bei der Aussicht auf einen Leckerbissen bald vergessen sein. Sprechen Sie freundlich mit Ihrem Kanari, vermeiden Sie hastige Bewegungen und laute Geräusche, dann fasst er schnell Vertrauen zu Ihnen.

Vertrauensbasis

Die ersten zarten Bande sind geschlossen, wenn der Kanari auch außerhalb des Käfigs Ihre Gesellschaft sucht. Liebe geht durch den Magen, deswegen sollten Sie Ihren Vogel anfangs nur beim Freiflug mit besonderen Leckereien verwöhnen.

Freundschaft

Bestechung ist jetzt nicht mehr nötig: Durch Ihre freundlichen und sanften Worte weiß Ihr Kanari nun, dass er von Ihnen nur Gutes zu erwarten hat. Bei seinen Ausflügen im Zimmer wird er gern auf Ihrem Finger landen und Ihnen zuhören.

muss sich erst an sie gewöhnen. Wenn Sie Futter und Wasser austauschen, geben ihm langsame Bewegungen und Ruhe Sicherheit.

➤ Ziehen Sie die Sandschublade beim ersten Mal in Zeitlupentempo heraus, auch später sollten Sie dies behutsam machen.

➤ Fast alle Kanarien kennen das Geräusch des Staubsaugers, denn viele Züchter be-

➤ Fühlt sich der Kanarienvogel sicher, widmet er sich der Gefiederpflege.

nutzen ihn ausgiebig während der Zeit der Jugendmauser. Sie können also getrost die Umgebung des Käfigs reinigen, wenn Sie es langsam tun.

➤ Decken Sie den Käfig mit einem großen und dunklen, luftdurchlässigen Tuch ab, wenn Sie sich abends noch lange in dem Raum aufhalten. Dann können Ihre Kanarien in aller Ruhe schlafen.

➤ Gewöhnen Sie sich feste Zeiten an, in welchen Sie füttern und den Käfig reinigen. Kanarien lieben Rituale, werden diese Zeiten bald kennen und ungeduldig auf ihre Mahlzeiten warten.

➤ Mit Leckerbissen machen Sie sich beliebt und Ihre kleinen Hausgenossen freuen sich auf Sie (→ Seite 23).

Charakterunterschiede

Kein Kanari ist wie der andere und jeder reagiert auf Sie und die Umgebung unterschiedlich. Gerade bei der Haltung von zwei Vögeln lassen sich diese Charakterunterschiede sehr gut beobachten. Einer wird meistens der mutigere sein, der neues Futter sofort probieren muss und auch nach einer Schrecksekunde schnell seine Fassung wiederfindet. Meistens sind es diese vorwitzigen Gesellen, die rasch Freundschaft mit Ihnen schließen und sogar auf den Finger hüpfen. Der andere ist vielleicht eine Mimose und wird bei neuen Eindrücken lange auf der sicheren obersten Stange sitzen bleiben. Er ist nicht so keck bei Leckerbissen und schaut sich erst einmal an, wie sein Artgenosse Vorkoster spielt. Dann sind da noch die Zankhähne, die immer was zu meckern haben. Es gibt viel zu entdecken, wenn Sie Ihren Kanarien Zeit lassen, sich einzuleben.

TIPP

Vertrauen schaffen

➤ Setzen Sie keine ungewohnten Kopfbedeckungen in der Nähe des Vogels auf, das macht ihm Angst.

➤ Sprechen Sie beruhigend, wenn Sie an den Käfig treten, stumme Annäherung ängstigt den Vogel.

➤ Der beste Platz für den Vogelkäfig hat helles Tageslicht und befindet sich etwa in Brusthöhe. In einem niedrig aufgestellten Käfig empfindet der Kanari Sie lange Zeit als Bedrohung und kann nur schwer Vertrauen fassen.

➤ Mit kleinen Leckerbissen machen Sie den Kanari neugierig auf Ihr Erscheinen und die Überraschung.

> *Streit am Buffet: Gezeter und harmlose Drohgebärden um die besten Leckerbissen sind bei Kanarienvögeln an der Tagesordnung. Wer satt oder unterlegen ist, räumt das Feld für den anderen.*

Kanarien und andere Heimtiere

Während ein stattlicher Papagei sich gegenüber anderen Heimtieren noch zur Wehr setzen kann, ist der kleine Kanari meist unterlegen. Achten Sie darauf, dass er nicht in Gefahr gerät.

➤ Während einige Hunde sich überhaupt nicht für kleine Piepmätze interessieren, sind sie anderen eine willkommene Beute. Deswegen müssen Sie den Vierbeiner beim Freiflug des Vogels immer beaufsichtigen.

➤ Eine Katze wird selten eine Gelegenheit auslassen, dem Kanari nachzustellen. Auch der geschlossene Käfig bietet keinen ausreichenden Schutz vor der Mieze, beim Freiflug unbedingt trennen!

➤ Mit Meerschweinchen und Kaninchen gibt es kaum Probleme, trotzdem die Tiere beim Freiflug beobachten.

➤ Farbratten, Goldhamster und Frettchen können dem Kanari gefährlich werden. Der Vogelkäfig muss für sie tabu sein und beim Freiflug ist Trennung angesagt.

➤ Wellensittiche und Kanarien sind zu verschieden, als dass sie wirklich gute Freunde werden könnten. Große Papageien und Unzertrennliche können Kanaris sogar gefährlich werden, die Vergesellschaftung in einer Voliere ist nicht ratsam.

➤ Für die Gemeinschaftshaltung der Kanarien mit anderen Finken gilt: Je weitläufiger sie verwandt sind, desto leichter kommt eine friedliche Gemeinschaft zu Stande. Gute Gesellschafter sind die kleinen Prachtfinken.

Was Kanarienvögel alles können

Kanarien reagieren im Bruchteil von Sekunden auf Geräusche oder Bilder ihrer Umgebung. Mit rasanter Geschwindigkeit gehen sie auf Nahrungssuche und sausen im Freiflug durchs Zimmer. Sie sind vitale Tiere und es wird Ihnen viel Freude bereiten, sie zu beobachten.

> Durch das Öffnen des Schnabels strecken sich Kanarienvögel.

Tenöre mit Charme

Geradezu unglaublich ist der Gesang dieses kleinen Vogels. Was macht seinen Reiz nun eigentlich aus?

Im Gegensatz zum Kanari besteht das Lied der heimischen Finkenvögel überwiegend aus immer der gleichen Strophe. Der Kanarienvogel dagegen variiert und schafft in jedem seiner Lieder eine neue Melodie. Der Caruso im Kleinformat lernt ständig dazu und lässt sich von seinen frei lebenden Vogelfreunden zu neuen Arien inspirieren. Bieten Sie ihm die Gelegenheit dazu und Ihr begabter Hausgenosse wird Sie mit einem ständig wechselnden Konzertprogramm erfreuen. Tiefe, rollende Elemente wechseln sich bei den Liedern mit härteren, schlagenden Klängen und silberhellem Klingeln ab. Manchmal meint man, einen Wasserlauf zu hören, und fast alle Strophen enden mit wehmütig pfeifenden Rufen. Dieses wirklich außerordentliche Gesangsvermögen

Geht es meinen Vögeln wirklich gut?

✔ Gesunde Kanarien bewegen sich vor allem in den Morgenstunden viel. Die Männchen singen im Frühling mehrere Stunden am Tag.

✔ Frische Zweige mit Knospen von Laub- oder Nadelbäumen werden eifrig untersucht und beknabbert.

✔ Neugierig beobachten die Kanarien jede Veränderung der Umgebung. Neue Gegenstände im Zimmer lösen aufgeregte Rufe aus, werden bald aber neugierig beäugt.

✔ Ein lustloser Kanari, der wenig singt, hat oft zu wenig helles Tageslicht, ist vielleicht aber auch krank.

✔ Täglich darf der Kanari nach Herzenslust in sein Badehäuschen. Nach dem Bad putzt und glättet er eifrig die Federn. Sein Gefieder liegt eng am Körper an und hat einen frischen Glanz.

✔ Ein gesunder Kanarienvogel schläft auf der höchsten Sitzstange im Käfig, sitzt dabei auf einem Bein und steckt seinen Kopf ins Rückengefieder.

✔ Beim täglichen Freiflug nutzen Kanarien den ganzen Raum. Viel Bewegung regt den Stoffwechsel der Vögel an und hält sie gesund.

1 Kunstturnen

Für einen Leckerbissen stehen Kanarien gerne Kopf. Obwohl sie nicht zu den besten Turnern im Vogelreich zählen, gehört das Balancieren an dünnen Ästen zu ihren leichtesten Übungen. Grünfutter ist eine besondere Gaumenfreude für die begabten Vögel und animiert sie immer wieder zu akrobatischen Höchstleistungen.

2 Flugkünstler

Der Körperbau des Kanarienvogels ist eine Meisterleistung der Evolution: Mit Luftsäcken gefüllte Knochen sorgen für Energie sparendes Fliegen, die Flügel können Aufwinde perfekt nutzen und sich von der Luft tragen lassen. Durch die jährliche Mauser wird das Gefieder komplett erneuert und bleibt funktionsfähig.

begeistert die Menschen seit 500 Jahren und wurde in verschiedenen Zuchtrichtungen unterschiedlich beeinflusst. Ideal für kleine Wohnungen ist der leise und melodisch singende Harzer Roller. In Außenvolieren können der stimmgewaltige Spanische Timbrado, der Belgische Wasserschläger oder verschiedene Farbkanarienrassen (→ Seite 11) herrliche Klangbilder schaffen. Für die kleine Wohnung können diese Kanarienvögel allerdings zu laut sein, was Sie beim Kauf bedenken sollten.

Verständigung auf Kanarisch

Neben dem Gesang, der Werbung und Revieranspruch verkündet, verständigen sich Kanarien mit anderen Lauten in ihrer typischen Sprache. Bei gemeinsamer Haltung werden bei den täglichen Auseinandersetzungen häufig scharfe Drohrufe ausgestoßen. Auch Jungvögel streiten oft, aber nie wirklich ernst. Mit dem Lockruf nehmen Kanarien Verbindung zu anderen Artgenossen auf. Sie benutzen ihn auch Ihnen gegenüber. Er kann viele ver-

schiedene Tonlagen, Lautstärken und Längen haben. In der Brutzeit geben Männchen und Weibchen wispernde, feine Laute von sich, die die Bindung des Paares festigen. Wer miteinander redet, versteht sich eben besser! Am Nest können Sie oft einen Warnruf hören, der die Jungvögel augenblicklich veranlasst, sich tief in das Nest zu drücken. Solange die Jungvögel von den Eltern gefüttert werden, können Sie auch das typische Bettelgeschrei hören, das mit zunehmendem Alter immer lauter wird.

27

Sänger mit tollen Fähigkeiten

Die bunten Vögel können viel mehr als singen, fliegen und hübsch aussehen.

Sehen: Kanarien orientieren sich mit den Augen. Weit auseinanderstehend, vermögen die Augen einen großen Radius zu erfassen und Feinde werden schnell erkannt. Gut ausgebildet ist das Farbsehen, was bei der Nahrungssuche

> Der Schnabel knackt nicht nur Körner, sondern reinigt auch das Gefieder.

wichtig ist. Bei der Aufzucht löst die rote Rachenfarbe der Jungen den Fütterungstrieb der Elterntiere aus. Schon bald wird Ihr Kanari auch

lernen, Sie von anderen Personen zu unterscheiden.

Hören: Das Gehör ist bei allen Vögeln überdurchschnittlich gut ausgeprägt. Die Ohren sind unter den Kopffedern nicht erkennbar. Die Kanarien verfügen über eine arteigene Kommunikation (→ Seite 27), die durch ein hervorragendes Gehör gestützt wird. Singende Rivalen werden am individuellen Gesang erkannt und wenn möglich vertrieben, das eigene Revier wird durch den Gesang abgegrenzt. Die zarten Bettellaute des Weibchens lösen dagegen das liebevolle Zärtlichkeitsfüttern aus.

Schmecken: Kanarien wählen ihr Futter zuerst nach der Farbe und der Konsistenz aus. Sieht die potenzielle Mahlzeit gut aus und hat sie auch den

Schnabeltest bestanden, wobei sie ausgiebig geprüft wird, kommt der Geschmack ins Spiel. Obwohl der Geschmack des Futters nur eine drittrangige Rolle spielt, entwickeln sich einige Kanarien zu echten Feinschmeckern. Süße Früchte und fetthaltige Samen stehen ganz oben auf der Liste der Lieblingsspeisen. Saftiges Grünfutter hat eine besonders große Anziehungskraft. Doch auch da machen die Gourmets Unterschiede: Einige Kräuterarten, wie z. B. Löwenzahn und Vogelmiere, scheinen ihnen deutlich besser zu schmecken als bittere Sorten. Deshalb müssen Sie darauf achten, dass Ihr Feinschmecker sich ausgewogen ernährt und nicht nur die Leckereien nascht (→ Seite 38).

TIPP

Macho im Federkleid

➤ Zahme Kanarien haben wenig Angst vor der menschlichen Hand. Manchmal attackieren Sie den Finger als vermeintlichen Eindringling. Das tut nicht weh, sondern sagt uns: »Hau ab aus meinem Revier!«

➤ Ein Weibchen oder gleichwertigen Partner können wir dem Kanari nicht ersetzen. Wenn er zu uns kommt, ist er erwachsen und auf seine Artgenossen geprägt.

➤ Männchen verteidigen ihr Revier mit aller Konsequenz. Die Haltung von zwei Hähnen kann üble Auseinandersetzungen und Verletzungen zur Folge haben.

Vogel-Kunde

Die wild lebenden Vorfahren unserer Kanarienvögel sind die Kanarengirlitze. Kanarien und ihre Ahnen gehören zur Familie der Finken. Innerhalb dieser Familie ordnet man sie in die Unterfamilie der Stieglitzvögel ein. Ihre wissenschaftliche Bezeichnung lautet *Serinus canaria*.

Kanarien-Anatomie

➤ Im Verlauf der Evolution hat der flinke Sänger einen typisch kegelförmigen Körnerfresserschnabel entwickelt, der sich hervorragend zum Aufknacken von Samenhülsen eignet.

➤ Der Wildkanari (Kanarengirlitz) ist mit 14 bis 15 cm Körperlänge deutlich kleiner als die heute gezüchteten Kanarienvögel. Besonders die Positurkanarienrassen übertreffen ihn um mehrere Zentimeter an Körperlänge.

➤ Kanarien bewegen sich hüpfend auf dem Boden. Ihre Füße tragen vier Zehen, von denen drei nach vorne und eine nach hinten gerichtet sind. Auf ausdauerndes Klettern ist der Kanarienvogel nicht eingerichtet, doch turnt er ganz passabel durch die Äste. Häufig wird ein Fuß

> *Spaß ist angesagt bei diesem Abenteuerspielplatz mit einem großen Angebot an Grünfutter und Turnmöglichkeiten.*

zum Festhalten von Nahrung auf dem Sitzast benutzt.

➤ Der Kanari kann seine Körpertemperatur durch Aufstellen oder Anlegen der Federn beeinflussen. Aufgestellt isoliert das luftgefüllte Gefieder und wärmt.

➤ Das Skelett des Kanarienvogels ist leicht, aber stabil. Die meisten Knochen sind hohl: Luftsäcke, die mit der Lunge verbunden sind, ziehen sich durch ihr Inneres. Dadurch wird Energie sparendes Fliegen ermöglicht.

Verhaltensdolmetscher
Kanarienvögel

Kennen Sie die Kanarienvogelsprache?
Hier erfahren Sie, was Ihr Tier mit seinem
Verhalten ausdrücken möchte ❓ und wie
Sie richtig darauf reagieren ➡.

> Der Kanari zieht die Federn einzeln durch den Schnabel.
>
> ❓ Für die Pflege des Gefieders nimmt der Vogel sich viel Zeit.
>
> ➡ Beobachten Sie Ihre Vögel: Die Vernachlässigung der Gefiederpflege kann ein Krankheitsanzeichen sein.

> Zwei Kanarien stehen sich hoch aufgerichtet und mit weit aufgesperrten Schnäbeln gegenüber.
>
> ❓ Streit um das Futter, jeder will größer aussehen.
>
> ➡ Die Trennung ist nur notwenig, wenn zwei Vögel sich ständig streiten und verfolgen.

Das Männchen füttert das Weibchen im Nest mit leisem Piepen.

[?] Das Männchen gibt seiner Partnerin vorverdaute, gut verträgliche Nahrung weiter.

➡ Die junge Familie braucht nun gutes Futter und viel Ruhe.

Der gelbe Vogel greift den anderen aus der Luft an und wird ihn gleich vom Futter vertreiben.

[?] Harmloser Zank ums Futter, in wenigen Sekunden können die Rollen vertauscht sein.

➡ Futterstreit ist bei der Haltung mehrerer Kanarien üblich.

Aufgeplustert sitzt der Kanari auf der Stange.

[?] Im Schlaf, nach dem Baden und bei Unwohlsein plustern Vögel sich auf.

➡ Beobachten, längeres Gefiedersträuben kann ein Krankheitsanzeichen sein.

Der Vogel plantscht im Wasser, bis er ganz durchnässt ist.

[?] Gesunde Vögel baden oft, um das Gefieder zu reinigen.

➡ Morgens und abends den Vögeln frisches Badewasser für ein bis zwei Stunden anbieten.

Die Sache mit dem Nachwuchs

Es ist ein aufregendes Erlebnis, Kanarien bei der Gründung einer Familie zu beobachten. Anders als Wellensittiche brüten sie nicht in einer dunklen Höhle, sondern wie alle Finken in einem offenen Nest. Dadurch lässt das Paar Sie von Anfang an an seinem Familienleben teilhaben. Sie können erleben, wie die Henne hingebungsvoll die Eier ausbrütet und der Nachwuchs von den Eltern versorgt wird.

Hochzeit und Hausbau

Ab März erwacht der hormonell gesteuerte Bruttrieb der Kanarienvögel.

Minnesänger: Die Henne fliegt mit einem Halm oder einer Feder im Schnabel suchend umher. Das Männchen singt sie nun feurig an. Beide erhalten jetzt ein spezielles Zuchtfutter (→ Seite 41).

Partnerwahl: Wenn Ihr Sängerknabe erst im Frühling eine Frau bekommen soll, gewöhnen Sie die Vögel vorsichtig aneinander (→ Tipp Seite 8), sonst kommt es zu bitteren Paarungskämpfen. Füttert das Männchen seine Braut, vertragen sich die Vögel, die Paarung folgt dann rasch.

Hausbau: Hängen Sie mehrere Nistkörbchen aus unterschiedlichen Materialien auf, der Zoofachhandel bietet eine reichliche Auswahl. Aus feinem Heu baut die Henne in wenigen Stunden ein gemütliches Nest. Zum Auspolstern braucht sie weiße, 2 bis 3 cm lange Baumwollfäden (im Zoofachhandel). Ist das Nest fertig, legt die Henne vier bis sechs hellblaue Eier hinein.

Brüten: Frauensache

Ihr Kanarienweibchen brütet jetzt 13 Tage und das Männchen füttert es dabei am Nest. Die werdende Mutter verlässt die Eier täglich nur für wenige Minuten. Während des Brütens und besonders am Schlupftag der Küken braucht die junge Familie besonders viel Ruhe.

> *Frauenpower: Der Nestbau ist bei den Kanarien Sache des Weibchens.*

1 Arbeitsteilung

Klassische Rollenverteilung: Während das Weibchen die Eier ausbrütet, ist das Männchen auf Futtersuche und versorgt seine Partnerin im Nest.

2 Vorkosterin

In den ersten Tagen wird nur das Weibchen gefüttert, das dann den doppelt vorverdauten Nahrungsbrei an den Nachwuchs weitergibt.

3 Schreihälse

Etwa ab dem fünften Tag füttert das Männchen die Jungen direkt. Vordrängeln hilft. Wer am lautesten schreit, bekommt am meisten Futter.

Die Entwicklung der Jungvögel

Eines Morgens werden Sie leere Eierschalen auf dem Käfigboden finden – es sind winzige, etwa 2 cm kleine Kanarienbabys ausgeschlüpft! Sie werden zuerst nur von der Mutter, später von beiden Eltern gefüttert. Täglich zwei Teelöffel Aufzuchtfutter (→ Seite 41) aus dem Zoofachhandel sind jetzt wichtig. **Mit 3 Wochen:** Die Kleinen hüpfen durch den Käfig. Sie müssen noch zwei Wochen von den Eltern gefüttert werden. Meistens übernimmt der Hahn ihre Versorgung, während das Weibchen im neuen Nest schon die nächsten Eier ausbrütet.

Mit 5 Wochen: Die Jungen können jetzt von den Eltern getrennt werden. Zur Gewöhnung an festes Körnerfutter erhalten sie Aufzuchtfutter, das im Verhältnis 1:1 mit zerdrückten Körnern vermischt wird, für jeden Vogel zwei Teelöffel pro Tag. Die Körner können Sie täglich frisch mit einem Nudelholz zerdrücken. Bieten Sie zusätzlich einen Napf mit ganzen Körnern und viel frisches Grün an. **Mit 8–10 Wochen:** Langsam werden die gequetschten Körner reduziert. Geben Sie noch den ganzen Sommer lang Aufzuchtfutter dazu, jedoch nur so viel, dass es bis mittags verzehrt ist. Bald beginnt die Jugendmauser (→ Seite 47).

Familienplanung

Können Sie die Kleinen nicht behalten, nimmt Ihnen diese vielleicht ein Zoofachhändler ab oder Sie können sie über eine Anzeige vermitteln. Doch manchmal wird es schwierig sein, den Nachwuchs gut unterzubringen. Entfernen Sie einfach das Gelege und tauschen es gegen Kunststoffeier aus, die Sie im Zoofachhandel bekommen. Das Weibchen leidet nicht, wenn es keine Jungen aufziehen kann, sondern wenn es nicht brüten darf. Es legt dann andauernd Eier und verausgabt sich total. Im Juli ist die Brutzeit beendet, beide Eltern beginnen nun mit der Mauser und Ruhe kehrt ein.

Fragen rund um Eingewöhnung und Verhalten

? **Unser Kanarienvogel will nicht in sein Badehäuschen gehen. Was können wir dagegen tun?**
Wahrscheinlich kennt Ihr Vogel das Badehäuschen nicht. Versuchen Sie, ihm beim Freiflug eine flache Schale zum Baden anzubieten und ihn mit Grünfutter zu locken. So verliert er seine Scheu am leichtesten. Manche Kanarien bekommen Angst, wenn der Boden des Badehauses durchsichtig ist. Kleben Sie braunes Papier von außen unter das Badehaus, dann hat der Kanari Boden unter den Füßen.

? **Ich habe ein Kanarienpärchen aus dem Tierheim, beide Tiere sind wahrscheinlich sechs Jahre alt. Muss ich noch mit Vogelnachwuchs rechnen?**
Kanarienhähne sind bis ins hohe Alter geschlechtsreif, die Hennen legen etwa ab dem vierten Lebensjahr nur noch unregelmäßig Eier. Trotzdem kann Ihr Weibchen Nachwuchs bekommen, denn der Hahn wird sie trotz ihres geringeren Bruttriebes bedrängen. Nachwuchs können Sie durch den Austausch der Eier gegen künstliche verhindern (→ Seite 33).

? **Mein roter »Franko« kommt während des Frühstücks immer an den Tisch und stibitzt eine Haferflocke aus dem Müsli. Er fliegt mit der Beute auf den Küchenschrank und frisst sie dort. Ist das normal, und schaden ihm die Haferflocken?**
Kanarien lieben es, sich mit besonderen Leckerbissen auf hohe Plätze zurückzuziehen. Sie können dann ihren Fund verzehren, ohne dass er ihnen streitig gemacht wird. Ich habe in meiner Wintervoliere Birkenscheiben von etwa zehn cm Durchmesser an den Wänden befestigt. Jeder Vogel hat einen bevorzugten Platz, an dem er in Ruhe seine Leckerbissen frisst. Haferflocken aus dem Müsli schaden Kanarien nicht, wenn sie ungezuckert sind – zu viele sollten es aber nicht sein, denn sie machen dick.

> Feldsalat und Apfelsinen sind im Winter wichtige Vitaminspender für Kanarien.

? Unsere Kanarien hatten vier Junge ausgebrütet, aber drei davon sind gestorben. Das ist nun schon das zweite Mal. Was tun?

Viele Kanarienweibchen können mit dem Brüten nicht warten, bis alle Eier gelegt sind. Sie setzen sich gleich auf das erste Ei und die Jungen schlüpfen im Abstand von einem Tag. Oft wird das am stärksten bettelnde Junge bevorzugt gefüttert, sodass die anderen zurückbleiben und sterben. Nehmen Sie die ersten Eier jeweils morgens nach dem Legen mit einem Teelöffel aus dem Nest, und legen Sie sie in eine gepolsterte Schachtel. Jedes Ei muss gegen ein künstliches ersetzt werden. Wenden Sie die Eier einmal am Tag um die Längsachse. Nach dem vierten Ei tauschen Sie die Eier wieder aus. Dann schlüpfen alle Babys gleichzeitig und haben die gleichen Chancen.

? Unser Kanarienweibchen sammelt lange Wollreste zum Nestbau im Zimmer zusammen. Sind das geeignete Materialien?

Nein! Material zum Nestbau sollte kurz geschnitten sein. Bei langen, dünnen Fäden und Wollresten besteht die Gefahr des Verwickelns! Das Weibchen kann auch mit der Kralle im Nest hängen bleiben und das ganze Nest aus seinem Körbchen zerren. Baumwollfäden aus dem Zoofachgeschäft eignen sich am besten zum Nestbau (→ Seite 32). Zu lange Fäden in der Packung sollten Sie auf zwei bis drei Zentimeter Länge kürzen.

? Meine beiden Kinder wünschen sich unbedingt ein Tier. Ab welchem Alter können sie die Verantwortung für einen Kanarienvogel übernehmen?

Das ist von der Natur Ihres Kindes abhängig. Mit acht bis zehn Jahren können Kinder in aller Regel einen Kanarienvogel ziemlich selbstständig pflegen. Sie müssen sich bewusst machen, dass Sie selbst die Verantwortung für das Tier tragen, auch wenn das Interesse des Kindes nicht mehr so groß ist. Kanarienvögel sind keine Streicheltiere, bieten zum Beobachten aber viele interessante Verhaltensweisen (→ Seite 26) und die Kinder können Spielzeug für die Vögel basteln (→ Seite 53).

Lutz Bartuschek

MEINE TIPPS FÜR SIE

Vertrauen schaffen

➤ Hängen Sie dem Kanari kurz vor dem Einzug als Begrüßungsgeschenk ein Löwenzahnblättchen gut erreichbar ans Gitter.

➤ Reden Sie täglich mehrmals mit Ihrem Kanari. Setzen Sie sich dazu ca. einen Meter vor den Käfig, und verringern Sie den Abstand zum Tier jeden Tag ein bisschen. Das macht vertraut.

➤ Stellen Sie den Vogelkäfig nicht in der Nähe von anderen Haustieren auf. Für den Kanari wäre das ein schlimmer Dauerstress, da er sich ständig bedroht fühlen würde.

➤ Sie sollten immer bedenken, dass Kanarienvögel Fluchttiere sind. Vermeiden Sie alles, was ihnen Angst machen könnte.

➤ Sind Sie Fußballfan? Wenn nicht, sollten Sie sich trotzdem manchmal ein Spiel anschauen. Die Geräuschkulisse gefällt dem Vogel und er wird eifrig mitpfeifen.

Fit-und-gesund-Programm

Lecker und gesund

Der kleine Körper des Kanaris läuft ständig auf Hochtouren – Fliegen ist eine echte Power-leistung. Der schnelle Stoff-wechsel des munteren Vogels setzt die Energie in rasantem Tempo um. Logisch, dass es da bei falscher Ernährung schnell zu einer Unterversor-

Frühjahrsboten: Hasel-nussblüten sind das erste Frischfutter des Jahres.

gung kommen kann. Mit einer ausgewogenen Fütte-rung können Sie dafür sorgen, dass Ihr Kanari fit und gesund bleibt.

Abwechslung im Futternapf

In der Natur nehmen Vögel der Jahreszeit entsprechend unterschiedliches Futter auf. Füttern Sie darum nicht tagein, tagaus nur Körner. Einseitige Körnerfütterung bedeutet einen Mangel an Vitalstoffen. Kanarien lieben Abwechslung und lassen sich schnell für Neues begeistern. Auch Ihr Kanari wird sich gern zu neuen Genüssen ver-führen lassen und es Ihnen mit leuchtendem Gefieder, fröhlichem Verhalten und herrlichem Gesang danken.

Körnerfutter ist die Basis: Im Zoofachhandel werden Kör-nermischungen fix und fertig angeboten. Frisches Körner-futter glänzt und riecht gut. Stumpfe, staubige Körner deuten auf eine schlechte Qualität hin. Grundlage der Mischung sind süßer Rübsen und Kanariensamen (Glanz). Die Qualität des Rübsens ist für die Gesundheit der Vögel sehr wichtig. Guter Rübsen hat kleine, dunkelrote Körner und schmeckt süß. Ist er bitter, wird er von den Vögeln aus dem Napf geworfen. Hinzu kommen Leinsamen, Nigersaat, Salatsamen, ge-schälter Hafer, Hirse, Mohn und ein wenig Hanf.

Die richtige Futtermenge: Die gefiederten Fein-schmecker lassen sich nur zu

TIPP

Die wichtigsten Fütterungsregeln:

➤ Ausgewogenheit ist wichtig. Gewöhnen Sie schon den jungen Kanari an vielfältige Gaumenfreuden.

➤ Füttern Sie möglichst täglich zur selben Zeit.

➤ Alle Futtersorten müssen sauber und frisch sein.

➤ Geben Sie kein Obst direkt aus dem Kühlschrank, das kann zu Verdauungsstörungen führen.

➤ Achten Sie beim Freiflug darauf, dass der Kanari keine gewürzten oder gezuckerten Snacks stibitzt, sonst drohen Verfettung und Leberschaden!

> *Kanarienvögel sind Distanztiere – traute Zweisamkeit liegt ihnen nicht. Gerade an der Futterstelle möchten sie ungestört bleiben und vertreiben ihre Artgenossen, um allein zu genießen.*

gerne verwöhnen. Bitte nicht mit Körnerfutter! Ein Kanarienvogel, der sich täglich aus dem Futternapf nur die leckersten Körner heraussucht, isst viel zu viel Hanf. Er wird fett und träge. Die richtige Futtermenge können Sie leicht selbst ermitteln: Es sollen immer einige Körner Rübsen und Glanz im Napf zurückbleiben. Zwingen Sie Ihren Kanari nicht, alles aufzuessen. Es gibt in jeder Mischung einige taube Körner, die für den Vogel wertlos sind. Zur Futterzeit soll der

Kanari zwar Appetit haben, sich aber nicht heißhungrig auf das Futter stürzen.

Kanarien sind Individualisten: Die benötigte Futtermenge ist von Vogel zu Vogel unterschiedlich. Manche brauchen etwas mehr Energie, um munter zu sein, andere kommen mit weniger aus. Als Grundmenge können Sie zwei gehäufte Teelöffel pro Tag für jedes Tier rechnen.

Winterfütterung: Bei kalter Haltung im Winter – Kanarien vertragen Temperaturen bis 5 °C unter null nach

Außenhaltung im Sommer und Herbst ausgezeichnet – darf das Futter mehr Hanf und geschälten Hafer enthalten. Beide Samen gibt es im Zoofachhandel lose oder in kleinen Mengen zu kaufen und sie können von Ihnen ergänzt werden. Bei Temperaturen unter dem Gefrierpunkt kann der energiereiche Hanf bis 20 % des Mischfutters ausmachen. Sie können Ihren Kanarien dann geschälten Hafer zur freien Aufnahme in einem Extranapf anbieten.

Grüne Verführung

Vitamine und Vitalstoffe im saftigen Grünfutter sind der Schlüssel zu einem langen und gesunden Vogelleben.

> Frisches Grünfutter steht auf der Hitliste der Kanarien ganz oben.

Begleiten Sie mich auf einer kleinen Reise durch die Botanik! Im Garten und sogar auf Ihrem Balkon gibt es viel zu entdecken, was dem Kanarienvogel schmeckt. **Es beginnt knospig:** Schon an milden Wintertagen können Sie dem Kanari mit knospigen Zweigen der heimischen Laubgehölze eine Freude machen (→ Tipp Seite 46). Geeignet sind Haselnuss, Birke, Erle, Buche, Linde, Pappel, Weide und Nadelgehölze. Apfel und Birnenzweige werden begeistert beknabbert. Zweige des Steinobstes eignen sich nicht.

Frühling – Grünes in Hülle und Fülle: Ab März schmecken den Kanarien Vogelmiere, Löwenzahn und die Blüten des Gänseblümchens. Der Mai bringt die ersten Samenstände von Hirtentäschelkraut und Wegerich, Petersilie ist wertvoller Vitaminspender. An alles frische, junge Grün müssen Kanarien langsam gewöhnt werden, will man Verdauungsproblemen vorbeugen (→ Seite 45). Das gilt noch mehr für die Salate und Kohlgewächse. Geben Sie Grünfutter und Obst morgens (→ Checkliste Seite 41). Mittags oder spätestens abends werden die Reste entfernt. Vorsicht: Welkes, verunreinigtes oder durch verspritztes Badewasser nass gewordenes Frischfutter hat Krankheiten der Verdauungsorgane zur Folge.

Sommer und Herbst: Im Sommer können Sie viele halb reife Samen von Gräsern und Kräutern ernten. Vogelknöterich, Borstenhirse, aber auch das überall als Unkraut wachsende Rispengras eignen sich prima. Jetzt können auch viele Obstsorten (→ Tipp Seite 38) verfüttert werden. Kanarien lieben grüne Gurken und junge Möhren. Probieren Sie aus, was Ihrem Vogel sonst noch besonders gut schmeckt!

Achtung: giftig!

Giftig für Kanarien sind zum Beispiel Narzissen, Hyazinthen, Maiglöckchen, Herbstzeitlose, Nachtschattengewächse, Eiben, Ilex, Wolfsmilcharten, Eisenhut, sukkulente Euphorbien, einige Kakteen, die Beeren des Zierspargels, Weihnachtssterne, Rittersporn, Fingerhut, Liguster, Goldregen, grüne Teile der Tomate und der Kartoffel.

Grit und Kalk

Mineralien dürfen in keinem Käfig fehlen und sollten dem Vogel ständig zur freien Verfügung stehen. Aus dem Vogelsand (im Zoofachhandel erhältlich) entnimmt der Kanari kleine Steine, die bei der Verdauung im Muskelmagen nötig sind. Muschelschrot, Walderde und Kalksteine sind sehr wichtige Lieferanten für Mineralien und Spurennährstoffe.

> *Neues Frischfutter darf nur in fingernagelgroßen Stücken gegeben werden, danach die Menge langsam steigern.*

Die Eiweißbombe: Babykost

In der Brutzeit braucht das Weibchen mehr tierisches Eiweiß als sonst. Geben Sie Ihren Vögeln dann ein gutes Markenaufzuchtfutter aus dem Zoofachhandel. Es enthält alle Stoffe im richtigen Verhältnis zueinander und ist mit Vitaminen angereichert. Aufzuchtfutter wird mit ein wenig Wasser zu einer feucht-krümeligen Mischung verrührt. In diesem Zustand wird es am liebsten von den Kanarien gefressen und an die Jungvögel weiterverfüttert (→ Seite 33).

Täglich frisches Wasser

Die Vorfahren der Kanarien, die Kanarengirlitze, leben in wasserreichen Gebieten und trinken viel. Die Vögel sind dementsprechend nicht daran gewöhnt, lange Trockenperioden zu überstehen, eine gefährliche Austrocknung wäre die Folge. Deshalb muss den Kanarienvögeln täglich frisches Trink- und Badewasser zur Verfügung stehen (auch von Badewasser wird getrunken). Wird das Wasser selten ausgewechselt, vermehren sich Bakterien und Algen darin: Das kann den Vogel krank machen (→ Seite 45).

CHECKLISTE

Mehr Spaß beim Füttern

Fit for Fun
✔ Hängen Sie Wildkräuter (Löwenzahn und Vogelmiere, → Seite 40) so im Käfig auf, dass die Kanarien für die Leckerbissen arbeiten müssen. Das hält fit und bringt Beschäftigung.

Servierfertig
✔ Schneiden Sie Obst klein, waschen Sie Frischfutter unter warmem Wasser ab und trocknen es, bevor die Vögel es bekommen.

Erntearbeit
✔ Abreißen macht mehr Spaß. Geben Sie Grünfutterpflanzen immer in ganzen Stängeln, schnabelgerechte Stücke sind langweilig.

41

Das Einmaleins der Kanarienpflege

Kanarienvögel sind kleine Saubermänner. Täglich wird das Gefieder geputzt und geglättet. Wenn die Vögel Gelegenheit dazu haben, gehen Sie mehrmals am Tag in die Vogelbadewanne. Ein sauberer Lebensraum ist die Grundlage für ein gesundes und langes Vogelleben. Sie können viel dazu beitragen, um viele Jahre lang Freude an Ihren munteren und fröhlichen Gesellen zu haben. Der Aufwand dafür ist gering, lässt sich prima in den täglichen Tagesablauf integrieren und wird bald zur Routine.

Gepflegt vom Schnabel bis zu den Krallen

Der Kanari besorgt seine Körperpflege überwiegend selbst. Gegenseitige Gefiederpflege des Kanarienpaares gibt es anders als bei den kleinen Prachtfinken nicht, jeder ist für sich selbst zuständig.
Schnabel: Sehr selten kommt es zu übermäßigem Wachstum des Schnabelhorns (→ Foto Seite 44). Ihr Tierarzt wird Ihnen beim Kürzen helfen müssen, denn der Schnabel des Kanari ist ein empfindliches Werkzeug.
Krallen: Falsche Sitzstangen (→ Seite 16) sind der häufigste Grund für zu lange Krallen. Lassen Sie sich das Kürzen der Krallen vom Tierarzt zeigen, danach können Sie das leicht mit einer scharfen Nagelschere oder einem Nagelclip selbst machen.
Füße: Saubere und unterschiedliche Sitzstangen, ein trockener Käfigboden und frisches Wasser verhindern Entzündungen und Infektionen der Füße und Beine.
Gefieder: Das tägliche Bad hält die Federn schön sauber, für die Feinarbeit ist der Kanari selbst verantwortlich.

1 Saubermann

Nach den Mahlzeiten und dem Baden steht Gefiederpflege auf dem Tagesplan. Jede einzelne Feder wird gründlich mit dem Schnabel gereinigt.

2 Badespaß

Plantschen mit Saubereffekt: Durch die täglichen Badeeinheiten entfernt der Kanarienvogel Schmutz und Staub aus seinem Gefieder .

3 Schnabelpflege

Seinen Schnabel reinigt der Kanari durch Reiben an der Sitzstange. Wichtig: Saubere Sitzäste beugen Augenentzündungen vor.

Hausputz muss sein

Vögel verwerten ihre Nahrung sehr schlecht. Vieles wird ungenutzt wieder ausgeschieden. Deshalb fressen Kanarien viel und setzen häufig Kot ab: Hausputz ist angesagt (→ Checkliste rechts)!

➤ Wechseln Sie Sitzäste so oft wie möglich aus. Waschen bringt nichts, denn in der Rinde halten sich Schmutzpartikel und Krankheitserreger hartnäckig.

➤ Der Käfig Ihres Kanaris muss mindestens zwei Mal wöchentlich gereinigt werden. Leeren Sie die Bodenschale, waschen Sie sie unter heißem Wasser, trocknen Sie die Schale gut ab und streuen Sie frischen Vogelsand ein. Verunreinigungen am Käfiggitter werden mit Papiertüchern und heißem Wasser entfernt. Verwenden Sie keine Spül- oder Putzmittel für die Reinigung. Die Reste können zu Vergiftungen und ernsthaften Erkrankungen der Kanarienvögel führen.

➤ Einmal im Monat werden Zimmerkäfige komplett mit heißem Wasser abgebraust. Je nach dem Grad der Verschmutzung müssen Sie große Käfige und Volieren alle zwei bis drei Monate mit

➤ Startklar: Die gründliche Reinigung hält das Gefieder funktionsfähig.

viel heißem Wasser und einer Bürste gründlich reinigen.

➤ Futternäpfe und Wasserröhrchen sollten unter heißem Wasser ohne Reinigungsmittel ausgewaschen werden. Die Reinigung der Tränkflaschen geht ganz einfach mit einer Flaschenbürste.

➤ Futterreste von Grünfutter und Obst dürfen nicht über Nacht im Vogelkäfig bleiben. Kanarien beginnen schon im ersten Morgenlicht mit der Futtersuche. Ungenießbares und verdorbenes Futter ist eine der häufigsten Ursachen für Verdauungsstörungen.

CHECKLISTE

Putzplan für das Vogelhaus

Täglich
✔ Futternäpfe, Wasserspender und Badewanne reinigen, altes Frischfutter entfernen.

2x in der Woche
✔ Bodenschale waschen, neuen Vogelsand einfüllen, Käfiggitter reinigen.

Wöchentlich
✔ Sitzstangen gegen neue Naturäste austauschen.

Monatlich
✔ Kompletten Zimmerkäfig heiß abbrausen und gründlich schrubben.

1x im Vierteljahr
✔ Voliere komplett mit heißem Wasser abbrausen und gründlich schrubben.

So bleibt Ihr Vogel gesund

Von Natur aus sind Kanarien robust und gesund. Alle Stoffwechselvorgänge laufen bei Singvögeln allerdings rasant schnell ab. Die Behandlung von Krankheiten ist deshalb in erster Linie eine Zeitfrage. Oft ist eine Krankheit schon so weit fortgeschritten, dass auch der Tierarzt nur noch wenig für den kleinen Patienten tun kann. Rasches Handeln ist wichtig: Unternehmen Sie deshalb sofort etwas, wenn es Ihrem Liebling nicht gut geht! Der wichtigste Grundsatz lautet hier: Vorbeugen ist besser als heilen. Wenn Sie die folgenden Tipps beachten, bieten Sie die beste Grundlage für die Gesundheit Ihres Kanarienvogels.

➤ Gönnen Sie Ihren Vögeln Sonne und frische Luft, das stärkt das Immunsystem. Stellen Sie den Käfig nach draußen, wenn die Witterung es zulässt. Vermeiden Sie dabei Zugluft, starke Temperaturschwankungen und pralle Sonne ohne Schattenplätze.

➤ Bieten Sie Ihren gefiederten Hausgenossen täglich ausreichend Bewegung sowohl im Käfig als auch durch Freiflug (→ Seite 14).

➤ Wenn Sie einen einzelnen Kanari halten, müssen Sie sich viel mit ihm beschäftigen, sonst vereinsamt er. Artgerechter ist in jedem Fall eine Paarhaltung (→ Seite 9).

➤ Sorgen Sie für eine anregende und abwechslungsreiche Umgebung und Beschäftigung des Vogels – die kleinen grauen Zellen wollen arbeiten (→ Seite 52).

➤ Saubere Näpfe und Sitzstangen sowie die regelmäßige Reinigung des Käfigs sind ein Muss für den Vogelpfleger (→ Checkliste Seite 43). Entfernen Sie Futter so zeitig, dass es nicht verderben kann.

➤ Futter- und Wassernäpfe dürfen nicht unter Sitzstangen platziert werden. Der feuchte Kot der Vögel macht den Inhalt ungenießbar.

Die wichtigsten Krankheitssymptome

Beobachten Sie Ihre Vögel täglich genau. Bei diesen Anzeichen sollten Sie den Tierarzt innerhalb von 24 Stunden um Rat fragen, wenn sich der Zustand des Kanaris nicht ändert.

➤ Kranke Kanarienvögel schlafen viel auf beiden Beinen, auch am Tag, viele plustern dabei ihr Gefieder auf.

➤ Der Vogel fliegt kaum noch, sondern sitzt auf dem Käfigboden oder einer Sitzstange. Er zeigt unsichere Bewegungen, eventuell ein

➤ Ist der Schnabel wesentlich länger als dieser, muss gekürzt werden.

verklebtes Aftergefieder und ist viel ruhiger als sonst.

➤ Kanarienmännchen, die vorher viel gesungen haben, lassen ohne Übergang kaum noch einen Ton hören.

➤ Beim Atmen sind pfeifende oder knackende Geräusche zu hören. Der Vogel wirkt allgemein gestresst.

➤ Die Ausscheidungen sind dünnflüssig oder verklebt, der Vogel setzt mehr Kot ab.

➤ Der Kanari interessiert sich kaum für sein Futter, auch besondere Leckerbissen lassen ihn kalt.

> Geschmackstraining: Junge Kanarien sollten schon früh an abwechslungsreiche Nahrung gewöhnt werden.

Die häufigsten Krankheiten auf einen Blick

Symptome	Ursache	Therapie
Federn am After verklebt, Kot dünnflüssig.	**Verdauungsstörung.** Magen-Darm-Entzündung, Infektion.	Grünfütterung einstellen, Tierarzt fragen.
Nasenausfluss, Augen klein, Vogel aufgeplustert.	**Atemwegsinfektion.** Auslöser sind meistens Bakterien, Viren oder Pilze.	Wärmebestrahlung, Tierarzt aufsuchen.
Weibchen atmet schwer, sitzt am Boden.	**Legenot.** Ei bleibt stecken, die Henne ist durch starkes Pressen geschwächt.	Feuchte Wärme, Ruhe, Tierarzt aufsuchen.
Geschwollene Augenregion, Ausfluss am Auge.	**Augenentzündung.** Meist verursacht durch schmutzige Sitzstangen.	Austausch aller Sitzäste, Tierarzt fragen.
Schuppige Haut an Füßen und Beinen, Schuppen stehen ab.	**Kalkbeinmilbe.** Grabmilben bohren sich unter die Haut – keine Blutsauger.	Antiparasitäre Behandlung durch den Tierarzt.
Kanari verliert außerhalb der sommerlichen Mauserzeit wochenlang seine Federn.	**Stockmauser.** Hormonelle Störung, verursacht durch zu viel Licht und Wärme im Herbst und Winter.	Lichtverhältnisse und Futter ändern (→ Seite 47), viel Bewegung.

➤ Wichtig: Bei jeder Erkrankung, deren Ursache unbekannt ist, muss der Vogel schnell einem Tierarzt vorgestellt werden. Hausmittel helfen nur selten, die Dosierung ist schwierig.

Die Pflege des kranken Kanaris

Der kranke Kanarienvogel braucht vor allem Wärme und Ruhe. Haben Sie mehrere Vögel, sollten Sie immer einen kleinen Quarantänekäfig parat haben, in dem Sie das Tier separieren können. So können Sie ihn besser beobachten und seine Aus-

mit einer handelsüblichen Infrarotlampe schnelle Besserung bewirken. Bestrahlen Sie einen Teil des Käfigs, der Vogel kann sich dann aussuchen, wie nah er an der Wärmequelle sitzen möchte. Verschlimmert sich der Zustand des kleinen Patienten, sollten Sie schnell den Tierarzt um Rat fragen, jede Stunde kann wichtig sein! Transport und Fang bedeuten immer Stress, gerade für einen kranken Kanari. Bringen Sie ihn deswegen in seiner gewohnten Umgebung mit dem Auto in die Tierarztpraxis, wenn sich der Käfig transportieren lässt. Während des Transports decken Sie den

Käfig mit einem dünnen Tuch zu. So ist Ihr kranker Freund vor Zugluft und fremden Eindrücken geschützt. Den Käfigboden sollten Sie vor dem Tierarztbesuch nicht extra säubern, die Ausscheidungen des Vogels können bei der Diagnose helfen.

Futterumstellung

Treten nach der Futterumstellung auf Grünfutter bei Ihrem Kanari leichte Verdauungsstörungen auf, sollten Sie einige Tage nichts Frisches geben. Hat seine Verdauung sich wieder normalisiert, dürfen zu Anfang nur kleine Mengen gegeben werden, die langsam erhöht werden.

> *Warnsignal: Aufgeplusterter Vogel sitzt mit beiden Füßen auf der Stange.*

scheidungen kontrollieren. Er hat darin seine Ruhe und steckt seine Kollegen nicht an. Fühlt sich der Vogel nicht wohl, kann die Bestrahlung

TIPP

Früherkennung und Schutz vor Krankheiten

➤ Beobachten Sie Ihre Vögel täglich, dann werden Ihnen Verhaltensänderungen, Krankheiten, dünnflüssiger Kot und Verletzungen schnell auffallen.

➤ Nehmen Sie es mit der Hygiene im Vogelheim sehr genau, so beugen Sie Krankheiten der Vögel vor.

➤ Kontrollieren Sie täglich die Ausscheidungen der Vögel, dann können Sie bei Durchfall schnell reagieren.

➤ Übergießen Sie Naturäste vor dem Einbau mit kochendem Wasser, das tötet Krankheitserreger (→ Seite 16).

> *Knackiger Feldsalat ist gesund – hoch aufgehängt, sorgt er für Luftakrobatik. Doch Vorsicht bei Schlaufen und Bändern aus Plastik, Garn oder Draht: Leicht kann der Kanari darin hängen bleiben.*

Mausern – kein Problem

Eines Tages finden Sie ein paar große Schwanzfedern im Vogelkäfig. Keine Angst, Ihr Kanari ist nicht krank, sondern in der jährlichen Mauser. Im Sommer wechseln Vögel ihr Federkleid. Die alten Federn fallen aus und werden durch neue ersetzt. Die Mauser ist anstrengend. Viele Kanarien sitzen jetzt lustlos im Käfig, wollen nicht fliegen und singen. Sie brauchen nun viel Ruhe. Der Standort des Käfigs darf nicht verändert werden. Vielseitige Fütterung erleichtert die Mauser, im Zoofachhandel wird ein sinnvolles Zusatzfutter (Mauserhilfe) angeboten. Die Mauser wird hormonell durch die Tageslänge ausgelöst. Mauserstörungen kommen vor, wenn der Kanari ständig wechselnden Tageslängen ausgesetzt ist. Er bleibt am gesündesten, wenn er viel natürliches Tageslicht bekommt. Im Herbst und Winter sollte er allerdings nicht mehr als elf Stunden Licht haben (→ Seite 24).

Fürsorge im Alter

Kanarien können 15 bis 20 Jahre alt werden. Viele Vögel sind bis ins hohe Alter munter und zeigen keine ausgeprägten Alterserscheinungen, auch wenn sie es etwas ruhiger angehen lassen. Ändern Sie die Anordnung der Sitzäste nicht mehr, und pflegen Sie den betagten Vogel genauso sorgfältig wie bisher. Achten Sie auf ausgewogenes Futter, und reduzieren Sie die fetthaltigen Körner, falls er nicht mehr so viel fliegt wie früher (→ Seite 39).

47

Fragen rund um Ernährung und Pflege

? Unser wunderschöner roter Kanarienhahn ist nach seiner ersten Mauser orange geworden. Was kann die Ursache dafür sein?

Rote Farbkanarien brauchen spezielle Futterstoffe (gibt's beim Zoofachhändler), die bei der Ausbildung des roten Farbstoffs im Gefieder helfen. Während der ganzen nächsten Mauserzeit müssen diese Zusätze dem Vogel über Futter oder Wasser gegeben werden. Dann wird Ihr Kanari wieder rot. Halten Sie sich bei der Dosierung genau an die Packungsangabe, zu viel ist schädlich für den Vogel.

? Ich wohne in der Stadt, möchte meinen Kanarien aber trotzdem frisches Grünfutter anbieten. Schaden ihnen die Gräser vom Straßenrand?

An der Straße wachsende Pflanzen können mit Abgasen hoch belastet sein und würden Ihren Vögeln schaden. Sammeln Sie das Grünfutter besser im Park. Viele Futterpflanzen können Sie auch ganz leicht im Balkonkasten ziehen, z. B. Vogelmiere, Löwenzahn, Petersilie und ganz einfaches Rispengras (→ Seite 40). Dann haben Sie es jederzeit parat.

? Schadet meinem Kanarienvogel Fridolin die Sonne am Ostfenster?

Die Sonne am Ostfenster bekommt dem Kanari sehr gut. Sonnenlicht regt den Stoffwechsel und die Produktion des lebenswichtigen Vitamin D an. Stellen Sie den Käfig öfter mal an ein geöffnetes Fenster (→ Seite 14).

? Wie viel Grünfutter dürfen Kanarien fressen, ohne dass Sie Verdauungsstörungen bekommen?

Kanarien dürfen generell so viel Grünfutter fressen, wie sie wollen. Wichtig ist die langsame Gewöhnung an neue Futterarten. Geben Sie am Anfang jedem Vogel nur ein etwa zwei cm langes Blattstückchen. Beobachten Sie die Ausscheidungen Ihrer Vögel. Ist alles normal, kann die Grünfuttermenge täglich gesteigert werden (→ Seite 46).

Schnabelgerecht: Begeistert zupft der Vogel den Feldsalat in kleinen Stücken ab.

? Der Kanari meiner 10-jährigen Tochter ist jetzt 13 Jahre alt. Wie alt kann er werden?

Kanarien werden durchschnittlich 10 bis 15 Jahre alt. Sie können also nicht damit rechnen, dass er noch viele Jahre bei Ihnen sein wird. Durch den schnellen Stoffwechsel können Erkrankungen schnell zum Tod führen, das Einschläfern ist selten notwendig. Wenn der Vogel stirbt, sollten Sie die Trauer Ihrer Tochter ernst nehmen. Vielleicht findet sich ein Platz im Garten, wo das Tier feierlich begraben werden kann, das hilft vielen Kindern beim Abschiednehmen. Trösten Sie Ihre Tochter aber nicht mit dem Versprechen, sofort einen Ersatzvogel zu kaufen. Sonst könnte sie den Eindruck bekommen, dass Tiere einfach austauschbar sind.

? Mein dreijähriger Kanarienmann will nicht mehr singen. Ich gebe ihm täglich extra viele Hanfkörner, die er so gern mag.

Ihr Kanari ist wahrscheinlich zu gut gefüttert! Dicke Vögel haben meistens nicht viel Lust zum Singen und bewegen sich auch wenig. Hanf soll sparsam verfüttert werden, er ist im Sommer gar nicht nötig. Streichen Sie also die zusätzlichen Rationen vom Futterplan, und reichen Sie Ihrem kleinen Sänger stattdessen viel frisches Grünfutter. Geben Sie Ihrem Kanarienvogel nur so viel Futter in seinen Napf, dass er von allen Samenarten essen muss (→ Seite 39).

? Können auch Kanarienvögel die Papageienkrankheit bekommen?

Auch Kanarienvögel können an der Papageienkrankheit (Ornithose) erkranken. Früher glaubte man, dass nur Papageien daran erkranken können, daher der Name. Die frei lebenden Sperlinge können die Ornithose auf Kanarienvögel übertragen, wenn Sie sich auf Gartenvolieren setzen und ihren Kot hineinfallen lassen. Wenn Sie ganz sicher gehen wollen, sollten Sie deshalb Flugkäfige und Volieren im Garten vollständig überdachen. Zum Glück tritt die Papageienkrankheit heute recht selten auf. Das Händewaschen nach dem Umgang mit den Kanarienvögeln sollte trotzdem selbstverständlich sein.

MEINE TIPPS FÜR SIE

Lutz Bartuschek

Besondere Leckerbissen

➤ Die Mineralien frischer Walderde runden den Speiseplan ab und ein zufällig mitgebrachter Käfer wird oft einfach mitgegessen und schadet nicht.

➤ Ich kann meinen Kanarien Vogelmiere in großer Menge geben, ohne dass es Verdauungsstörungen gibt.

➤ Bieten Sie während der Mauserzeit viel frische Tagetes-Samen von rot blühenden Pflanzen an. Dann leuchten die Farben des neuen Federkleides besonders intensiv.

➤ Zur besonderen Freude Ihres Kanaris können Sie auch Löwenzahn anbieten, der bereits Samen angesetzt hat. Schneiden Sie dazu die Flugschirme ab, und teilen Sie den Rest der Blüte in zwei Teile – fertig ist der Leckerbissen!

➤ Kolbenhirse aus dem Zoofachhandel ist ein wahrer Festschmaus für Kanarien und kann alle 3 bis 4 Tage angeboten werden.

49

Beschäftigungs-Programm

Fliegen und Spielen

Kanarien sind echte Entertainer. Ihr größtes Talent ist ihr Gesang, doch wird ihr Repertoire durch akrobatische Flugeinlagen ergänzt. Spielen in Wellensittichmanier liegt den poppigen Tenören weniger – langweilig sind sie trotzdem nicht! Bieten Sie Ihren Kanarien viele Anregungen, das hält sie munter und bringt Spaß.

Wippen und Schaukeln auf dünnen Ästen stärkt die Muskulatur.

Neugierige Kanarien

Kanarien untersuchen alle neuen Gegenstände in ihrer Umgebung mit Hingabe. Allerdings ist es weniger der Forscherdrang, der sie dazu antreibt, vielmehr hoffen sie, dabei neue und leckere Futterquellen zu entdecken.

Vorwitziger Flugkünstler

Gerade die meist noch jungen Tiere vom Züchter oder aus dem Zoofachhandel sind ständig unterwegs in Sachen Abenteuer. In langweiligen Käfigen und Volieren kann es daher zu schweren Verhaltensstörungen kommen. Durch viel Abwechslung entwickeln sich die Vögel zu agilen und aufgeweckten Kanarien! Daran sollten Sie auch denken, wenn Ihre Vögel einmal Nachwuchs bekommen (→ Seite 32). Hängen Sie deshalb täglich einige knospende oder beblätterte Zweige (→ Seite 40) in den Käfig. Besonders gern turnen meine jungen Harzer Roller auf frischen Weidenzweigen. Schon nach wenigen Stunden ist die Rinde total abgeknabbert.

Spiele gegen Langeweile

Die angeborene Fähigkeit, sich ständig auf neue Situationen einzustellen, müssen Ihre Kanarien auch in Ihrer Obhut ausleben können – ständig nur auf der Stange zu sitzen und die Wände zu betrachten, macht schwermütig! Für den Kanarienvogel haben Spielgeräte dann eine besondere Anziehung, wenn sie leckere Gaumenfreuden versprechen.

Aufregende Zweige: Hängen Sie Ihren Kanarien kleine Zweigstückchen (→ Seite 40) in verschiedenen Längen zum Beknabbern in den Käfig.

Fußball: Stecken Sie ein Petersilienblatt in einen kleinen Gitterball, wie es sie im Zoofachhandel zu kaufen gibt. Schnell lernen die Entdecker, sich den Leckerbissen zu erarbeiten. Eine Runde Fußball ist dabei inbegriffen.

Seiltanz: Die Kanarienvögel turnen begeistert an gedrehten Hanfseilen, in die frische Blätter des Löwenzahns oder der leckeren Vogelmiere gesteckt wurden. Hängen Sie die Seile hoch auf, das macht das Spiel noch aufregender.

Schaukelvergnügen: Auf Schaukeln, Holzringen und dünnen Ästen können Ihre Kanarien wunderbar balancieren. Die Schaukel ist für sie ganz einfach eine bewegliche Sitzgelegenheit. Toller Nebeneffekt: Muskeltraining durch die Schaukelbewegungen.

Schnitzeljagd: Hängen Sie Grünfutterleckerbissen (→ Seite 40) an verschiedenen Stellen im Zimmer auf. Das Futter zu erarbeiten, macht den Vögeln Spaß.

Picknick im Grünen – ein Spielplatz mit saftigem und leckerem Grünfutter wird schnell zum Lieblingsplatz beim Freiflug.

Die schönsten Spielzeuge für Kanarien

	Material und Bauweise	Spielspaß
Schaukel	Im Zoofachhandel wird eine große Auswahl an Schaukeln angeboten.	Die beweglichen Schaukeln sind beliebte Sitz- und Ruheplätze.
Kletterseil	Dicke Kokosseile aus dem Gartencenter im Freiflugzimmer oder Käfig aufhängen.	Kanarien zupfen gern an Naturfasern und Knoten.
Reisigbündel	Einige dünne Birkenzweige mit dickem Seil zusammenbinden und im Vogelzimmer aufhängen.	Die Kanarienvögel untersuchen die Naturzweige. Mit Leckerbissen macht's noch mehr Spaß.
Kletterbaum	Lange, verzweigte Äste in sandgefüllten Blumentopf stecken und an der Zimmerdecke zusätzlich mit Ringschraube fixieren.	Kanarien lieben den Kletterbaum als Landeplatz. Als Anreiz ein Bündel Grünfutter daran aufhängen.
Gitterball	Im Fachhandel, Gitterball aus Plastik. Mit Grünfutter oder Apfelstücken füllen.	Macht Spaß und bringt den Vögeln Bewegung bei der Futtersuche.
Duschvergnügen	Zimmerbrunnen mit Wasserfall und flachem, großem Becken im Freiflugzimmer aufstellen.	Kanarien können dort nach Herzenslust plantschen und duschen. Wasser täglich ein- bis zweimal wechseln.

Freiflug ohne Risiko

Wissen die kleinen Sänger, dass es viele aufregende Dinge beim Freiflug zu entdecken gibt, werden sie ungeduldig auf Ihre Trainingsstunden warten. Mit schiefen Köpfchen und lauten Lockrufen

> *Zahme Kanarien spielen gern »Treppensteigen« mit ihren Menschen.*

beobachten sie, wie neue Zweige am Lieblingsplatz befestigt werden. Ist das Türchen endlich auf, geht es im Eilflug zur neuen Attraktion.

Vogelschutz

Sichern Sie das Fluggelände vor dem Freiflug, damit Ihre Kanarien ihr Abenteuer unbeschwert genießen können.

➤ Hängen Sie dünne, flach verzweigte Äste oder Vorhänge vor die Fenster.

➤ Fenster (auch wenn sie gekippt sind) und Türen schließen. Die Kanarien könnten unbeabsichtigt davonfliegen oder eingeklemmt werden.

➤ Informieren Sie alle anderen Familienmitglieder, dass Flugstunde ist. Kanarienvögel suchen gern auf dem Boden nach Nahrung und könnten dann getreten werden.

➤ Offene Wassergefäße und Aquarien abdecken. Die Wasser liebenden Vögel versuchen überall zu plantschen und könnten ertrinken.

➤ Spalten hinter Schränken mit schmalen Leisten sichern, Schubladen schließen.

➤ Tabletten und Chemikalien wegräumen. Schwere Vergiftungen können die Folge sein.

➤ Zimmerpflanzendünger ist für Vögel giftig, decken Sie darum die oberste Schicht im Topf mit Walderde ab.

Rückkehr ins Vogelheim

Nach aufregender Freiflugstunde werden Ihre Kanarien gern freiwillig in ihren Käfig zurückkehren. Viele schlaue Sänger würden aber am liebsten den ganzen Tag fliegen und Neues entdecken. Sie sausen deshalb wie der Blitz aus dem Käfig, wenn der Mensch sich nähert! Ihre zahmen Vögel können Sie überlisten, wenn Sie ihnen ihr Lieblingsgrünfutter erst am Ende des Freifluges im Käfig geben. Bleiben Sie so lange vor dem Käfig stehen, bis der Vogel darin ist und seine Leckerchen verspeist, dann schließen Sie das Türchen. Tabu: Versuchen Sie niemals, Ihren Kanari mit Tüchern einzufangen! Sie werden damit in seinen Augen zum Raubtier. Die Angst vor Ihnen kann so schlimm werden, dass er in Ihrer Gegenwart nicht mehr singt! Als letzte Rettung hilft ein langer, dünner Bindfaden. Bringen Sie ihn so an der Käfigtür an, dass Sie diese aus der Entfernung schließen können, wenn die Vögel fressen.

> *Fruchtcocktail: Obst und Gemüse sollten dem Kanari in kleineren, schnabelgerechten Stückchen angeboten werden.*

Der Abenteuerspielplatz

Ideal für den Erkundungstrieb der Kanarien ist ein Abenteuerspielplatz. Der richtige Ort für einen solchen Aktiv-Parcours ist ein heller Fensterplatz. Im Zoofachhandel wird eine große Auswahl an Spielplätzen für Vögel angeboten, die Sie auch für Kanarien interessant ergänzen können. Ihrer Fantasie sind dabei keine Grenzen gesetzt und Sie schaffen für Ihren Entdecker einen Freizeitpark im Miniformat mit vielen Attraktionen.

So können Sie zum Beispiel zusätzlich dicke Äste aus dem Garten mit dicken Kokosseilen oder Hanfstricken verbinden. Bohren Sie Löcher in die Äste, damit Sie Kräuterbüschel oder knospende Zweigbündel hineinstecken können, und spießen Sie Gemüse und Obst (→ Seite 40) darauf. Schaukeln und Holzringe aus dem Zoofachhandel machen den Spielplatz noch aufregender und ein Topf, mit Gräsern oder Vogelmiere bepflanzt, wird schnell zum Lieblingsplatz. Bei dem Angebot werden Ihre Kanarien wahrscheinlich keine Lust haben, auf Schränken oder Bücherregalen zu landen.

CHECKLISTE

Urlaubs-Sitter

✔ Kümmern Sie sich rechtzeitig vor Urlaubsbeginn um eine zuverlässige Pflegeperson.

✔ Geben Sie Ihrer Vertretung einen Futterplan und Hinweise, wie oft der Vogelkäfig gereinigt werden muss (→ Steckbrief Seite 62).

✔ Hinterlassen Sie die Urlaubsadresse und die Telefonnummer des Tierarztes.

✔ Ist der Käfig groß genug, sollte der Freiflug beim Vogel-Sitter während Ihrer Abwesenheit unterbleiben.

✔ Für einige Tage kann man Grünfutter in kleine Töpfchen pflanzen, damit die Vögel während Ihrer Abwesenheit ausgewogen versorgt sind.

55

Fragen rund ums Fliegen und Spielen

? Beim Freiflug beschimpft unser Kanari sofort mit geöffneten Flügeln die glänzende Kaffeekanne. Warum tut er das?

Ihr Kanari ist ein mutiger Vogel. Er erkennt in seinem Spiegelbild wahrscheinlich einen Rivalen, den er aus seinem Revier vertreiben will. Auf Dauer ist diese Aggression nicht gesund für den Vogel. Stellen Sie die Kanne beim Freiflug weg. Ihr Kanari würde sich über ein Weibchen freuen. Überlegen Sie, ob Sie einem Pärchen im Winter den geeigneten Platz bieten können (→ Seite 9).

? Mir ist einer meiner Kanarienvögel entflogen. Wie kann ich ihn wieder einfangen?

Sie sollten den Käfig draußen aufstellen und gut sichtbar mit Leckereien (→ Seite 40) füllen. Wenn der Kanari Hunger hat, kehrt er vielleicht wieder zurück. Eine Schnur (→ Seite 54) hilft beim Zuziehen der Käfigtür. Ist der Vogel zahm, können Sie ihn auch rufen und mit Leckerbissen locken. Stand der Vogelkäfig öfter draußen, kennt sich der Vogel dort schon etwas aus und kann wahrscheinlich zurückfinden. Denken Sie künftig daran, alle Fenster und Türen zu schließen (→ Checkliste Seite 14).

? Wir haben einen Kanarienvogel aus dem Tierheim übernommen. Er ist zwar recht zahm, will aber nicht aus seinem Käfig herauskommen. Wie gewöhnen wir das Tier an den notwendigen Freiflug?

Vielleicht durfte Ihr Kanari bei den Vorbesitzern nie frei fliegen. Er muss bei Ihnen erst wieder lernen, wie viel Spaß die Bewegung in der Luft machen kann. Bauen Sie ihm einen kleinen Spielplatz (→ Seite 55), und stellen Sie ihn nah beim Käfig auf. Nach einigen Tagen können Sie Ihren Sänger nun hier mit besonderen Leckerbissen füttern. Wahrscheinlich kann er schon nach kurzer Zeit nicht widerstehen und wird seinen Käfig verlassen.

Neues Futter wird zuerst kritisch beäugt und dann mit dem Schnabel getestet.

? Kanarienvögel bearbeiten häufig Zimmerpflanzen mit ihren Schnäbeln. Wie kann man sie davon abhalten?

Die Kanarien brauchen während des Freiflug einen interessanten Landeplatz. Ein Abenteuerspielplatz (→ Seite 55) hält die Vögel ziemlich sicher von den Zimmerpflanzen fern. Bieten Sie Ihren Vögeln genügend Abwechslung. Das ist außerdem spannend zu beobachten. Giftige Pflanzen (→ Seite 40) trotzdem beim Freiflug entfernen.

? Unsere Tochter wünscht sich schon lange einen Kanarienvogel zum Spielen. Ist er das richtige Haustier für ein zwölfjähriges Kind?

Kinder wollen oft ein Haustier, mit dem sie schmusen und auch spielen können. Dazu eignet sich ein Kanari kaum und ein anderes Tier wäre vielleicht besser geeignet. Prüfen Sie, ob das Kind sich speziell für Kanarienvögel interessiert oder einfach nur ein eigenes Haustier pflegen möchte.
Kanarien bieten viele Möglichkeiten, interessante Verhaltensweisen zu beobachten.

Das macht sie so interessant und viele Menschen sind schon in jungem Alter davon begeistert. Wenn auch Ihre Tochter die Vögel wegen ihres flinken Verhaltens mag, kann sie ihn mit zwölf Jahren schon selbst versorgen. Sie müssen allerdings immer die Verantwortung für das Wohl des Tieres mit übernehmen.

? Mein Kanarienpärchen darf die meiste Zeit des Tages im Wintergarten fliegen. Jetzt möchte das Weibchen im Deckenfluter ihr Nest bauen. Wie kann ich ihr das Nistkörbchen im Käfig sympathisch machen?

Generell können Sie die Brut und Aufzucht in einem Käfig am besten überwachen. Wenn Jungvögel aus dem Nest fliegen, sind sie in der ersten Zeit noch sehr unbeholfen und können leicht zu Schaden kommen. Am besten ist es, das Pärchen so lange in seinem Käfig zu halten, bis das Weibchen seine Nestunterlage gewählt hat und auch mit dem Nestbau fertig ist. Dann hat es eine so starke Bindung an den Nistplatz, dass es auch bei Freiflug nicht versuchen wird, an einer anderen Stelle ein neues Nest zu bauen.

MEINE TIPPS FÜR SIE

Lutz Bartuschek

Vertrauen schaffen

➤ Versuchen Sie nie, Ihren Kanarienvogel mit Tüchern oder Besen einzufangen. Das macht die Vögel scheu und würde das bisher erworbene Vertrauen zwischen Ihnen für lange Zeit erheblich stören.

➤ Gewöhnen Sie Ihre Vögel an einen bestimmten Pfiff oder eine Glocke, wenn es Grünfutter gibt. So können Sie sie später regelrecht »nach Hause rufen«, wenn sie wieder in ihren Käfig zurück sollen.

➤ Meine Kanarienvögel haben viel Spaß an langen Bambusstäben, die nur mit einem Ende am Käfiggitter oder Freisitz befestigt sind. Auf ihnen lässt es sich wunderbar balancieren.

➤ Verkleiden (Faschingsmaske, Jacke) Sie sich und bleiben Sie stumm, wenn Sie die Vögel aus dem Käfig fangen müssen. Später wird sich Ihr Vogel vor der Verkleidung fürchten, aber nicht vor Ihnen.

59

Adressen

Verbände/Vereine

➤ Vereinigung für Artenschutz, Vogelhaltung und Vogelzucht e. V. (AZ), Postfach 11 68, 71501 Backnang (nur schriftliche Anfragen)

➤ Deutscher Kanarien- und Vogelzüchter-Bund e. V. (DKB), Geschäftsstelle Werner Kneule, Alfredstr. 66, 72250 Freudenstadt, www.dkb-online.de
Hier erhalten Sie Anschriften von Vogelclubs in Ihrer Nähe. Anfragen bitte mit einem frankierten Rückumschlag.

AN UNSERE LESER

➤ Gehen Sie mit Ihrem Vogel schon bei den ersten Anzeichen einer Erkrankung zum Tierarzt.

➤ Wer allergisch auf Federn oder Federstaub reagiert, sollte keine Vögel halten. Fragen Sie im Zweifelsfall Ihren Hausarzt.

➤ Bei einer Erkältung sollten Sie Ihren Arzt auf die Vogelhaltung hinweisen.

➤ Verletzungen durch einen Vogel sollten umgehend vom Arzt versorgt werden.

Kanarienvögel im Internet

Praxistipps und Informationen zu Pflege, Ernährung und Gesundheit des Kanarienvogels, Buchtipps, Adressen von Züchtern und Vereinen finden Sie auf diesen Internetseiten:

➤ www.canary.de

➤ www.kanarien.org

➤ www.ndh.net/home/velleuer/roller/homepage.html

➤ www.vogelforen.de

➤ www.Vogel-Seiten.de

➤ home.t-online.de/home/Ulrich.Voelker

Fragen zur Haltung beantworten

Ihr Zoofachhändler und der Zentralverband Zoologischer Fachbetriebe Deutschlands e. V. (ZZF), Rheinstr. 35, 63225 Langen, Tel.: 0 61 03 / 91 07 32 (nur telefonische Auskunft möglich), www.zzf.de. *Der ZZF hat einen bundesweiten Suchdienst für entflogene Vögel eingerichtet. Alle beringten Vögel können auf Grund der Fußringe identifiziert und ihrem Besitzer zugeordnet werden.*

Bücher

➤ Claßen, H.: Kanarien. Ulmer Verlag, Stuttgart

➤ Hahn, Dr. U.: Vogelkrankheiten. Verlag M. & H. Schaper, Alfeld

➤ Aas, G. / Riedmiller, A.: Bäume, Bestimmen leicht gemacht. Gräfe und Unzer Verlag, München

➤ Schnabl, H.: Vogelfutterpflanzen. Arndt Verlag, Bretten

CDs

Audio-CD: Das Lied des Harzer Kanarienvogels. Verlag Hanke, Künzelsau

Zeitschriften

➤ Gefiederte Welt. Ulmer Verlag, Stuttgart

➤ Die Voliere. Verlag M. & H. Schaper, Alfeld

➤ WP-Magazin. Zeitschrift für Vogelhalter. Arndt Verlag, Bretten

➤ Der Vogelfreund. Fachzeitschrift des Deutschen Kanarien- und Vogelzüchter-Bund e. V. (DKB). Verlag Hanke, Künzelsau (→ Adressen)

➤ AZ-Nachrichten. Zeitschrift für Mitglieder der Vereinigung für Artenschutz, Vogelhaltung und Vogelzucht (AZ). Verlag M. & H. Schaper, Alfeld (→ Adressen)

Der Autor

Lutz Bartuschek beschäftigt sich seit vielen Jahren mit dem Verhalten von Vögeln, u.a. führt er Rückzüchtungsprogramme und Versuche zur freifliegenden Haltung durch. Seit zehn Jahren züchtet er erfolgreich und mit Begeisterung Kanarienvögel. Als Gartenbauingenieur hat er sich u.a. auf die Integration von Volieren in Garten- und Parkbereichen spezialisiert.

Der Fotograf

Oliver Giel hat sich erfolgreich auf die Natur- und Tierfotografie spezialisiert. H. Schweiger/E. Arendt: Seite 50

> GU-Experten-Service

Haben Sie Fragen zu Haltung und Pflege? Dann schreiben Sie uns. Unser Experte Lutz Bartuschek hilft Ihnen gern weiter. Unsere Adresse finden Sie rechts.

Impressum

© 2002 Gräfe und Unzer Verlag GmbH, München. Alle Rechte vorbehalten. Nachdruck, auch auszugsweise, sowie Verbreitung durch Bild, Funk, Fernsehen und Internet, durch fotomechanische Wiedergabe, Tonträger und Datenverarbeitungssysteme jeder Art nur mit schriftlicher Genehmigung des Verlages.
Redaktion: Sibylle Kolb
Lektorat: Heike Schmidt-Röger
Layout: independent Medien-Design, München
Satz: Uhl + Massopust, Aalen
Produktion: Petra Roth
Repro: Fotolito Longo, Bozen
Druck und Bindung: Kaufmann, Lahr
Printed in Germany
ISBN 3-7742-5584-9

Auflage	4.	3.	2.	1.
Jahr	2005	04	03	02

GRÄFE UND UNZER

Ein Unternehmen der
GANSKE VERLAGSGRUPPE

Das Original mit Garantie

Ihre Meinung ist uns wichtig. Deshalb möchten wir Ihre Kritik, gerne aber auch Ihr Lob erfahren. Um als führender Ratgeberverlag für Sie noch besser zu werden. Darum: Schreiben Sie uns! Wir freuen uns auf Ihre Post und wünschen Ihnen viel Spaß mit Ihrem GU-Ratgeber.

Unsere Garantie: Sollte ein GU-Ratgeber einmal einen Fehler enthalten, schicken Sie uns das Buch mit einem kleinen Hinweis und der Quittung innerhalb von sechs Monaten nach dem Kauf zurück. Wir tauschen Ihnen den GU-Ratgeber gegen einen anderen zum gleichen oder ähnlichen Thema um.

Ihr Gräfe und Unzer Verlag
Redaktion Heimtier
Stichwort: Tierratgeber
Postfach 86 03 25
81630 München
Fax: 0 89/4 19 81-1 13
E-Mail:
leserservice@
graefe-und-unzer.de

Meine Kanarienvögel

➤ **Namen:** _____

So füttere ich sie:

➤ _____

_____

_____

Lieblingsspiele und Spielzeug:

_____

_____

_____

So wollen sie gepflegt werden:

_____

_____

_____

Das sind ihre Eigenheiten:

➤ _____

_____

_____

Besondere Kennzeichen:

_____

_____

_____

Das ist ihr Tierarzt:

_____

_____

_____

GU TIERRATGEBER

damit es Ihrem Heimtier gut geht

ISBN 3-7742-3917-7

ISBN 3-7742-5586-5

ISBN 3-7742-5585-7

ISBN 3-7742-3839-1

ISBN 3-7742-3788-3

Tierisch gut! Die Welt der Heimtiere entdecken und alles erfahren, was man schon immer über sie wissen wollte. So klappt das Miteinander von Anfang an – mit Wohlfühl-Garantie fürs Tier.

WEITERE LIEFERBARE TITEL BEI GU:

➤ **GU TIERRATGEBER:** Graupapageien, Nymphensittiche, Papageien, Unzertrennliche, Zebrafinken, Sittiche

Gutgemacht. Gutgelaunt.

▶ RUHEPHASE

Gerade in den ersten Tagen im neuen Heim brauchen Kanarienvögel viel **Ruhe**, um die neue Umgebung und die noch fremden Menschen kennen zu lernen. Freundliche, **sanfte Worte** und behutsames Hantieren am Käfig lassen sie bald Vertrauen fassen.

Wohlfühl-Garantie für Kanarienvögel

▶ WOHLFÜHL-HEIM

Kanarien sind aktive und lebenslustige Vögel. Je größer ihr Käfig ist, desto leichter können sie ihr flinkes Wesen entfalten. Eine **geräumige Behausung** kann interessant mit Zweigen und Laub verschönert werden und bietet trotzdem noch Platz zum Fliegen.

▶ ABENTEUERSPIELPLATZ

In jedem Kanari steckt ein kleiner Kolumbus. Eine **abwechslungsreiche Einrichtung** kommt seinem Entdeckertrieb zugute, hält seine kleinen grauen Zellen wach und sorgt für gute Laune. Futterspiele beim Freiflug sind die größte Freude.

▶ MACHO-MAN

Kanarienmännchen sind kleine Machos. Sie verteidigen ihr Revier mit dem Gesang, aber auch mit kräftigen Schnabelhieben. Schlafen wollen sie allein und brauchen in der Nacht ihren **eigenen Ruhesitz**. Zwei Männch in einem Käfig vertragen sich nicht!